于保护中发展　在传承上创新

——河北省非物质文化遗产研究

陈慧娟　郑新涛　白　洁　著

北　京
冶　金　工　业　出　版　社
2019

内 容 提 要

本书介绍了河北省非物质文化遗产的现状、保护措施及非物质文化遗产的传承与发展面临的问题，根据具体问题提出了对河北省非物质文化遗产保护和传承的建议，并以非物质文化遗产中的传统美术工艺与现代平面设计的融合等几个案例对非物质文化遗产发展方式进行了思考和研究。

本书可供对非物质文化遗产等传统文化感兴趣的读者阅读参考。

图书在版编目(CIP)数据

于保护中发展　在传承上创新：河北省非物质文化遗产研究/陈慧娟，郑新涛，白洁著．—北京：冶金工业出版社，2019. 1

ISBN 978-7-5024-7966-4

Ⅰ. ①于…　Ⅱ. ①陈…　②郑…　③白…　Ⅲ. ①非物质文化遗产—研究—河北　Ⅳ. ①K292. 2

中国版本图书馆 CIP 数据核字(2019)第 010159 号

出 版 人　谭学余

地　　址　北京市东城区嵩祝院北巷 39 号　邮编　100009　电话　(010)64027926

网　　址　www. cnmip. com. cn　电子信箱　yjcbs@cnmip. com. cn

责任编辑　张熙莹　美术编辑　郑小利　版式设计　孙跃红

责任校对　卿文春　责任印制　李玉山

ISBN 978-7-5024-7966-4

冶金工业出版社出版发行；各地新华书店经销；三河市双峰印刷装订有限公司印刷

2019 年 1 月第 1 版，2019 年 1 月第 1 次印刷

169mm×239mm；7. 5 印张；144 千字；111 页

38. 00 元

冶金工业出版社　投稿电话　(010)64027932　投稿信箱　tougao@cnmip. com. cn

冶金工业出版社营销中心　电话　(010)64044283　传真　(010)64027893

冶金工业出版社天猫旗舰店　yjgycbs. tmall. com

(本书如有印装质量问题,本社营销中心负责退换)

前　言

非物质文化遗产是地方性的历史文化传承，是具有价值的历史文化遗产。它不仅体现这个地方的地方特色，更保留了当地最淳朴的民族风格。某个区域的非物质文化遗产留存的时间越久，它的价值和魅力就越大，使当地的人们更有自信。每个地方的非物质文化遗产都有它自己独特的历史价值，它为后人留下了了解历史、了解地方经济发展状况最真实的材料。

非物质文化遗产作为某个地区民族文化的精神财富和文化的精华，都有着非常重要的价值意义，它既有人类生活上重要的经济价值，更有人类追求美好生活向往的精神需求价值。由于现代社会飞速的发展，没有足够的经济支柱，非物质文化遗产的保护和传承没有得到充分的认知，它的价值没有被充分地挖掘和利用，整个过程不是很顺畅，遇到的难题颇多。如何做到于保护中发展，在传承上创新，是本书研究的重点。

本书中主要介绍的是河北省的非物质文化遗产。在河北有着非常丰富的非物质文化遗产资源，但是，在非物质文化遗产保护与传承方面所遭遇的瓶颈更为突出。本书通过对吴桥杂技、沧州武术等具有代表性的非物质文化遗产资源的介绍，深入剖析了当今河北省非物质文化遗产保护与传承工作面临的机遇与挑战，对比不同文化视域下的传承模式，为建设社会主义先进文化，推进文化大省建设，构建“和谐河北”，实现民间艺术产业生态发展模式及可持续的传承提供思路。

非物质文化遗产的保护与传承是一个艰巨的任务，我们应该加大力度对它给予保护、宣传和创新，让它为子孙后代造福。这是一项巨大的工程，需要社会各界的通力合作，把它保留和传承下去，不断地挖掘和开发，打造出它的价值，创造更多的社会效益和经济效益。

希望本书的出版，对于探索河北省区域内非物质文化遗产传承的可持续发展模式与路径及对非物质文化产业的开发提供理论支持与实践参考。在本书的编写过程中，得到了各界朋友的指点与支持及同事们的帮助，在此一并表示感谢。

由于作者水平所限，书中不足之处，恳请读者批评指正。

作　者

2018 年 10 月

目　录

第一章　绪　　论

第一节　概念的提出

关于人类非物质文化遗产，还要从最早的无形文化遗产说起。最早提出这一概念的国家是日本，他们把语言、音乐、舞蹈、戏剧等难以固化的人类财富统称为无形文化遗产，并且制订了相应的法律加以保护，成为最早以立法形式对无形文化遗产保护的国家。

从 20 世纪 50 年代开始，日本就对自己国家的国粹开始保护了。在第二次世界大战以前，日本基本是保护皇室的物品，主要保护对象是具有美学价值和鉴赏价值的美术工艺品和文物。比如在明治四年，日本政府颁布了太政官公告《古寺庙保护法》和《古器具保护方案》。最早的文化遗产保护法案是《古寺庙保护法》，也就是对文化财富实行制度化的保护。1949 年 1 月 22 日奈良法隆寺金堂壁着了一场大火，促使日本政府很快在原《国宝保护法》《史迹名胜天然纪念物保存法》等旧法律的基础上制定出《文化财保护法》，并于 1950 年 5 月颁布实施，从而确立了有关文化财富的制度，完善了保护的内容。

日本制订和颁布实施文物保护的法规，是将文化遗产纳入国家法规进行制度化保护的重要措施，这项举措将有形文化遗产和无形文化遗产两者结合起来，一起保护，从而对无形文化财富所有者（即代表性传承人）进行保护，并认定和明确了解除认定的权限和程序，建立了人间国宝认证制度。

在国际范围内，国际现代建筑协会早在 20 世纪 30 年代就指出了个体建筑保护的基本原则和具体的保护措施，在《雅典宪章》中明确指出关于地区的保护和有价值的建筑问题，有效地促进了历史文化遗产保护运动的展开。20 世纪 50 年代之后，国外对有关历史文化遗产的保护对象从原来的个体文物建筑扩大到历史地段。

美国也紧随其后，在 20 世纪 60 年代开始重视保护世界杰出的自然风景区和历史遗址，并提出设立世界遗产信托资金建议案。恰在此时，埃及政府在尼罗河上游修建的阿斯旺水坝使水位加高，淹没了一座具有 2000 年历史的神庙，促使联合国提出了保护自然和文化遗产的公约。美国的世界遗产信托资金议案恰恰赶上了这一公约的提出。

1964 年 5 月通过的《威尼斯宪章》（以下简称《宪章》）提出了文物古迹保护的基本概念、原则与方法。从概念上扩大了文物古迹的范围。《宪章》指出，除了单个建筑物，还应该包括能够包含一种独特文明、一种具有特殊意义的发展或一个能够见证某件历史事件的城市和乡村环境。美国政府于 1970 年首次将这一理念写进《国家环境政策法》——一部在当时极其重要的法案。

1972 年，联合国教科文组织向全世界提出了保护自然和文化遗产的理念，要保护自然和文化遗产。同年 11 月，第十七届联合国教科文组织大会在巴黎召开，会上通过了《保护世界文化和自然遗产公约》（简称《世界遗产公约》），正式确定了文化遗产、自然遗产、文化与自然双重遗产三种类型，进一步扩大了历史文化遗产保护的范围，历史文化遗产保护开始登上世界舞台，受到各国政府和公众的普遍关注。

1992 年 12 月，在美国圣菲召开的第十六届联合国教科文组织世界遗产会议上，将文化景观作为文化遗产的类型。1997 年 11 月，人类口头与非物质文化遗产代表作得到国际的认可。进一步丰富了历史文化遗产的内涵。

《保护世界文化和自然遗产公约》自 1975 年正式生效后，在全球范围内，迄今共有 180 多个国家和地区加入，成为缔约成员，是目前缔约成员最多的国际公约之一。

中国于 1985 年加入《保护世界文化和自然遗产公约》。截至 2017 年 7 月，中国已列入《世界遗产名录》的世界文化和自然遗产有 52 项，其中世界文化遗产 36 项、世界文化与自然双重遗产 4 项、世界自然遗产 12 项，在世界遗产名录国家排名居第二位，仅次于意大利（53 项）。

第二节　非物质文化遗产的分类

根据联合国教科文组织通过的《保护非物质文化遗产公约》中的定义，非物质文化遗产指被各群体、团体、有时为个人所视为其文化遗产的各种实践、表演、表现形式、知识体系和技能及其有关的工具、实物、工艺品和文化场所。各个群体和团体随着其所处环境、与自然界的相互关系和历史条件的变化不断使这种代代相传的非物质文化遗产得到创新，同时使他们自己具有一种认同感和历史感，从而促进了文化多样性和激发人类的创造力。

一、世界非物质文化遗产的范围

世界非物资文化遗产包括：

(1) 口头传说和表现形式，包括作为非物质文化遗产媒介的语言；
(2) 表演艺术；
(3) 社会实践、礼仪、节庆活动；
(4) 有关自然界和宇宙的知识和实践；
(5) 传统手工艺；
(6) 传统节日。

二、我国非物质文化遗产的分类

我国根据各级政府和单位申报的国家级非物质文化遗产项目，划分了具体的非物质文化遗产类型。截至 2008 年 6 月，在国务院先后公布的两批国家级非物质文化遗产目录中，将非物质文化遗产分为十类：民间文学、民间音乐、民间舞蹈、传统戏剧、曲艺、杂技与竞技、民间美术、传统手工技艺、传统医药、民俗。

(1) 民间文学。民间文学是一种特殊的文学，是指由劳动人民直接创造的且在民间广泛流传的文学，主要是口头文学，如民间故事、民间戏曲、民间曲艺、神话、传说、歌谱、谜语、谚语等。优秀的民间文学不仅具有优越的艺术性，而且包含很多历史信息。传承和研究民间文学可以了解当地人民在某个特殊时期的生活态度、民族信仰、价值观念等。民间文学具有鲜明的口头性、集体性、变异性、传承性、直接的人民性。

(2) 传统音乐（民间音乐）。传统音乐是指形成并流行于民间的歌曲和器乐曲，包括民间舞蹈音乐和民间戏曲音乐。民间音乐的作者一般是有创作才能的不出名的民间艺人，他们往往既是创作者又是表演者。民间音乐具有鲜明的民族风格和地方特色，在表现手法和技巧上具有丰富性，因场合和氛围的不同而有不同的表现手法和技巧。

(3) 传统舞蹈（民间舞蹈）。传统舞蹈产生、流传于民间，是一种风格鲜明、为广大群众所喜闻乐见的舞蹈，它反映人民的劳动、斗争、交际和爱情生活。不同民族和地区的民间舞蹈受生活方式、历史传统、风俗习惯、民族性格、宗教信仰、地理和气候等自然环境的影响而显现出风格特色的明显差异。

(4) 传统戏剧。传统戏剧，中国的戏剧与印度梵剧、希腊悲剧和喜剧并称为世界三大古老的戏剧文化。文学上的戏剧概念是指为戏剧表演所创作的脚本，即剧本。这里所指的传统戏剧是以语言、动作、舞蹈、音乐、木偶等形式达到叙事目的的舞台表演艺术的总称，是时间艺术和空间艺术的综合，常见的表演形式有话剧、歌剧、舞剧、音乐剧、木偶戏等。传统戏剧具有虚拟性，舞台艺术不是单纯的模仿生活，而是对生活原形进行选择、提炼、夸张和美化，通过唱、念、做、打等表演手法把观众直接带入艺术的殿堂。传统戏剧的另一个特征是程式性，舞台动作的表现有一套固定的程式，在程式的规范之下又有灵活性。

（5）曲艺。曲艺是中华民族各种说唱艺术的统称，是由民间口头文学和歌唱艺术经过长期发展演变形成的一种独特的艺术形式。我国仍活跃在民间的曲艺品种有400个左右，它们虽有各自的发展历程，但都具有民间性、群众性的艺术特征。曲艺不同于戏剧，戏剧由演员装扮成固定的角色进行表演，曲艺演员不装扮成角色，通常一个演员模仿多种人物，以一人多角的方式，通过说、唱，或似说似唱，或又说又唱来叙事、抒情，把人物和故事演绎出来。曲艺表演起来比戏剧简单、朴素，通常一个伴奏器乐、一个道具、一个演员就能撑起一台曲艺表演。

（6）传统体育、游艺与杂技（杂技与竞技）。杂技是原始人在狩猎中形成的劳动技能和自卫攻防中创造的武技与超常体能，在休息和娱乐时，又被再现为一种自娱游戏的竞技表演，即为最早的杂技艺术。每一种杂技与竞技都有自身的游戏规则和艺术特点，且带有鲜明的地域色彩，因地域的差异而有不同的规则。

（7）传统美术（民间美术）。传统美术又称民间美术，是老百姓用以美化环境和丰富民间风俗活动的，是在我们平时生活中非常流行和用到的美术。民间的美术主要有年画、刺绣、剪纸、风筝，还有传统编织成的工艺品。

1）年画最早是由门神画演变而来的，主要是在木头上刻水印，人们为了追求纯正善良的风格和欢乐喜庆的气氛，常用于过节时的欢乐气氛和室内装饰。

年画都是线条形的，比较单一，但是色彩非常鲜艳。有各式各样的图案：神话传说、花鸟、春牛、古代故事等。

2）刺绣一般是妇女所做，又称女红。粤绣、湘绣、蜀绣、苏绣被称为四大名绣，它们被广泛地用于床上用品、服装、桌布、靠垫等生活用品及屏风、壁画等。

3）剪纸全国各地都有，因它的成本低、材料普通、适用范围广，成为中国民间最常见的一种传统装饰。具有代表性的风格有南方派、江浙派、北方派。

4）风筝起源于春秋时期，这个时期是用来传递信息的，到了宋代时期，老百姓便兴起了放风筝。

5）中国的编织工艺和传统玩具种类多、风格不一，都具有本土文化和乡土艺术的特点，一般就地取材，物美价廉。

（8）传统技艺（传统手工技艺）。传统手工技艺是难度较高技艺和比较艺术的手工技艺，表现出中国老百姓的聪明才智与艺术创造感很强。

传统手工艺在当今社会和生活中仍广泛应用，可见传统手工艺的价值是不容忽视的。随着人们对物质生活和精神生活要求的提高，许多传统手工技艺引入现代化的生产技术，被赋予了除使用功能以外的文化内涵。

（9）传统医药。传统医药是针对我们当今的医学，它出现在现代医学之前，是与古代中医以及古代文化息息相关的医学实践成果。

传统医药由于每个国家的传统文化传承性的不同而显示出多样性。在我国，传统医药的理论知识有着很强的整体观和统计观，使临床医学形成了独特的治疗观和行为方式，通过望、闻、问、切四诊从整体上把握阴、阳、表、里、寒、热、虚、实八纲，查探出身体的健康与否。气为万物生，百病皆生于气，气治则安、气乱则病，一旦人体生理功能与自然环境失衡，就会由风、寒、暑、湿、燥、火六淫致病。传统医学通过综合分析各种致病因素，同病异治、异病同治，注重扶正祛邪，治标固本。

（10）民俗。民俗是每个国家或每个民族中的人民群众自己创造和传承的生活文化，也称民间风俗。

民俗起源于人类社会群体的生活，在特定的民族、时代和地域中不断形成、扩大和演变，为民众的日常生活服务。由于民俗是从当地人民生活的习惯中演变、形成的，受地理环境、当地人谋生方式、历史传统的影响和制约，因而显示出浓烈的地方特色。由于民族众多，每个民族又有不同的民俗，同一民俗在不同阶段也有变化，民族间的交流会使民俗相互影响，因此我国的民俗呈现出多元性、复合性、变异性的特征。民俗涉及的内容很多，研究的领域至今仍在不断地拓展，主要包括生产劳动民俗、日常生活民俗、社会组织民俗、岁时节日民俗、人生礼仪、游艺民俗等方面。

第三节　非物质文化遗产的特征和价值

非物质文化遗产是每个民族世代相传的传统文化。这些文化都有着非常丰富的历史、文化、经济、教育、科学等资源，对于人类的发展和延续有着不一样的价值与意义。

各种形形色色、多姿多彩的非物质文化遗产是人类文明的基石，是文化多样性的体现，是国家和民族赖以存在的基础和象征，是人们进行创造的源泉，是人类社会可持续发展的保障，具有无以替代的重要作用。

一、基本的特征

世界非物质文化遗产是民族个性、民族审美习惯的活的显现，它的基本特征是从民族特殊的生活生产方式中来，依托于人本身而存在，以声音、形象和技艺等形式为表现手段，以身口相传得以延续，是传统文化中相对比较脆弱的部分。对于非物质文化遗产传承的形式来说，人的因素显得尤为重要。

二、历史价值

非物质文化遗产都有它自身的历史特性，在某些地区、某些民族深厚的传统文化和长时间的发展过程中，经历了时间的积淀，传承和保留下来。

现在，很多民间文学都是远古时代的神话传说，它们有着丰厚的历史背景，反映着历史文化的传统和变迁，是现代和传统之间流动的见证。我们可以通过民间文学了解不同历史时期的生产发展水平、社会的组成、生活风气、道德习俗和思想禁忌等。非物质文化遗产蓄积了不同历史时代的精华，保留了最浓缩的民族和地域特色，承载了过去，孕育着未来。人们可以通过有形的文化遗产和无形的文化遗产同遥远的祖先沟通，看到他们的身影，了解他们的生活状态，了解他们的思想，感受到他们的情感和智慧，辨认出他们一步一步走过来的脚印。因此，非物质文化遗产具有极高的历史价值。

三、传承价值

非物质文化遗产价值体系的核心价值、价值准则就是历史传承的价值。

非物质文化遗产的传承价值让人们真实地认识到已经远离我们的历史及文化。从非物质文化遗产的根源上看，它是一种集体或个人的创造，使它可以世代流传，反映了这个集体的期望，是代表这个集体文化和社会个性的最好的表达形式。由此可见，非物质文化遗产是反映了民众集体生活，并长期得以流传的人类历史文化活动和成果，因而具有不容忽视的历史文化价值。尤其重要的是，非物质文化遗产以其民间的、口传的、野史的、活态的历史文化价值，可以弥补官方正史典籍的不足、遗漏或讳饰，有助于人们更真实、更全面、更接近本原地去认识已逝的历史及文化。

如今，文化的多样性面临着逐渐遗失的严重威胁，如 19 世纪 70 年代全世界还通用 8000 多种语言，到现在仅有 6000 多种了，这其中还有许多少数民族语言在互联网和现代通信工具的冲击下正处于快速消亡中。残酷的事实提醒着我们一定要对非物质文化遗产历史传承价值中的文化多样性价值有深刻认识，充分重视保护文化多样性、保护非物质文化遗产的重大意义。

非物质文化遗产知识丰富多彩，它饱含了每个民族自己的文化底蕴和文化精神。人类用自己的双手和智慧创造了民族结晶和民族精神，世代相传积淀下来的民族的思想精髓、文化理念，包括了民族的价值观念、心理结构、气质情感等在内的群体意识、群体精神，是民族的灵魂、民族文化的本质和核心。在当今全球一体化的潜在威胁下，确保民族特性、民族精神的代代相传，是每一个民族无法回避的重要任务。非物质文化遗产作为人类文化传递和保存的生动有效的手段、工具和载体，能够很好地将民族精神等文化信息传递到每一个人、每一代人这些活生生的载体上，从而造就一个个有独特文化个性和崇高民族精神的伟大民族。

四、文化价值

非物质文化遗产是每个集体或民族的文化奠基，是人类社会历史文化长远的集成和传统的具体反映，是人类文明的组成部分。它是鲜活的文化代表，是原生态的文化基因。一个民族或群体的非物质文化遗产，往往蕴含着该民族或群体的传统文化的最深根源，反映了他们的生活、生存方式，保留着形成该民族或群体身份的原生状态，以及该民族或群体特有的思维方式、心理结构和审美观念等，体现了该民族或群体独具特色的历史文化发展踪迹，具有重要的文化价值，成为该民族或群体存在的标志和发展的根基。不同的民族或群体文化模式不同，他们共同丰富、充实和维系着人类文化的多样性，更强化了非物质文化遗产的文化价值。

五、科学价值

非物质文化遗产的规范体系是科学价值。

非物质文化遗产的科学成分和因素是科学认识的价值，它具有很高的科学含量和内容。例如民族传统的历法，能较好地解决计时和指导农副渔业生产的问题，因此具有相当的科学内容和价值。我国传统历法——农历，就较好地解决了计时和指导生产生活两大问题。农历又称阴历，实质是阴阳历，它早在秦汉时期就已形成。农历根据天体运动规律计时，安排大小月、闰月、平年和闰年，有良好的实用性和极高的科学性。农历中二十四节气的划分综合考虑了天文、气候、季节、物候、农作物生长等情况，反映了古人在生产生活中逐渐摸索出来的对自然界发展运行规律的科学掌握和认识，以及人作为自然界的一部分对这些规律的合理运用，因而长期以来很好地指导了农、副、渔业生产。

非物质文化遗产的保存反映了历史上不同时代生产力的发展、科学技术的发展过程、人类的创造力和认识水平的原始状态。每个民族的非物质文化遗产或多或少可能都会有一些不科学、不人道的东西，有很多的陋规恶习，这些东西都是应该该被禁止、取缔的，有些恶习随着社会的发展也会被创造、信奉它的人群自动抛弃。但是这些东西可能存留了当时人们的思想认识水平、生活情感态度、科学发达程度、风俗信仰禁忌等社会历史文化内容，具有一定的科学认识和研究的价值。例如我们中国的传统风水文化。风水，就是古人在选择居住地址的时候，居住地要有风和水。风水文化中的精华，就是讲究生理健康、心理健康和谐统一的人居观念，讲究天地人和谐统一的环境理念，以形成一个人与自然和谐相处、生态优越的良好环境，需要我们研究和继承。因此，可以说形成初期的风水文化表明了古人在建筑学、景观学方面的科学认识及积累，在晋代以后它还在这些科学方面有大的发展；至于此后它向神秘主义、鬼神宿命方向发展的另一路径和内容，则是我们今天要摒弃的封建迷信。

六、精神价值

非物质文化遗产最大的特点是不改变民族特殊的生产生活方式，不改变具体的民族历史和社会环境。

非物质文化遗产蕴涵着它所属民族或群体的文化底蕴、独特的精神，积淀着劳动和存在的智慧、发展的经验。这些维持着民族或群体血脉的因素，又世代传承着该民族的生活观和社会观。就这样形成了群体的意识和文化的传承，使这种文化的价值在多元化的世界中得以展示和存续，成为一个民族最基本的识别标志。因此可以说，非物质文化遗产是民族个性、民族审美的活体现，具有传承和凝聚民族精神的重要作用，是维持民族存在发展的生命动力、精神依托，是实现民族文化复兴、社会可持续发展的源泉，是人们的精神家园。

七、经济价值

非物质文化遗产的民族信息和地域信息都有很特别的吸引力。它的文化底蕴很丰富，不仅传递着文化特征，同时也是音乐、戏剧、电影、广播、电视、旅游、饮食、服饰制作、制药业等产业发展取之不尽的资源。具有美学、历史价值的民间艺术产品的生产已经在世界范围内形成了独立的产业，将非物质文化遗产作为旅游项目开发，在许多地方都收到了很好的经济效益，文化旅游经济已经成为当今世界旅游业的重要组成部分。

非物资文化遗产带来了经济效益，用所得到的资金来保护非物质文化遗产，以促进其发展。只有将非物质文化遗产中有条件的文化资源转化成为文化生产力，才能带来经济效益。因此，对非物质文化遗产，既要保护又要发展，以保护带动开发，以开发促进保护。

在现今的市场经济和消费社会条件下，经济开发价值是非物质文化遗产的一种重要价值形态，它是非物质文化遗产价值体系的价值利用。非物质文化遗产的经济价值主要体现在几个方面。经济开发是促进非物质文化遗产取得经济发展的重要措施；如果经济收入有增加，就有更多的资金扩大对这些地区非物质文化遗产保护资金的投入，增强口碑，给非物质文化遗产的传承人的传承、保护、创新提供更好的条件，从物质上对非物质文化遗产进行保护和传承得到一定的保障。一部分发达国家已经认识到无论是有形文化遗产，还是无形文化遗产，都应该在确保文化遗产不被破坏的前提下，让这些文化遗产进入市场上，并通过在市场上的运作，完成对文化遗产的保护和潜能的开发，实现文化保护和经济开发的良性循环互动。一些中东国家以发掘本国民俗文化的资源，保护、恢复传统礼仪节庆仪式，吸引很多国内外游客，带来了很大的经济效益。

我国有着非常丰富的民族文化遗产和传统文化资源，这也是我国非物质文化遗产产业化的优势所在，如非物质文化遗产中的民间文化、民俗资源就是极为重要的旅游资源。以我国裕固族妇女服饰的经济开发为例，不仅很好地保持、宣传了裕固族妇女服饰文化，还带来了很好的经济效益。

首先，组织裕固族服装模特队进行节庆演出，中老年妇女、青年少女穿着不同的裕固族传统女装在舞台上大展风采，充分展示民族服饰的魅力。

其次，将民族特色鲜明、文化内涵丰富的裕固族女用红缨帽子制成小巧好看的旅游纪念品出售，销量极大、利润可观。这种做法既利用传统工艺、传统文化资源取得了经济收入，更重要的是推动了传统文化的传承和发扬，促进了非物质文化遗产的保护和发展。这是通过经济手段、经济途径救活一种非物质文化遗产的一个极好案例。

总之，在强调对非物质文化遗产进行本真性、原生态保护的同时，也要适度融进经济观念，用发展的眼光看待问题。对那些既能显示民族文化特色又有经济开发价值、市场开发前景的优势文化资源、非物质文化遗产，要敢于树立产业化的发展思路，进行科学的品牌定位、制定合理的营销战略，集中力量培育优势文化品牌，将文化资源优势转化为经济优势，充分实现非物质文化遗产的经济开发价值。

八、教育价值

非物质文化遗产具有学校教育和社会教育功能，它包含了丰富的历史文化知识、科学文化知识、传统手工技艺、艺术精品等资源。

非物质文化遗产中还包含了思想品德、道德伦理、行为规范，这些习俗文化可让我们的下一代正确地为人处事，培养良好的社会风气。通过对非物质文化遗产的普及，可以帮助学生更深入、生动地了解我们传承的民族文化，从而增强民族的自豪感，更加热爱自己的祖国。非物质文化遗产能够熏陶人的情操、提高人的素质、培养人的能力，具有极高的教育价值。另外，非物质文化遗产传人传授自己宝贵技能的过程，以及研究教授非物质文化遗产为职业的专家在学校、社会讲授非物质文化遗产的过程，也体现了非物质文化遗产的教育价值。

九、政治价值

从某种角度分析，一个国家的政治进程会受到文化的影响。不管是文化的话语权，还是文化的解释权、享有文化的程度，都和主体的权力拥有程度有关。可以说，文化以及文化存在结构的任何变化，都会表现出权力和政治关系的变化。非物质文化遗产是人类生存发展的精神产物，也是人类生存发展的土壤。

文化环境的弱化或缺失都可能会从精神内在方面恶化，可能会毁掉人们的生活环境，进而影响人的生存与发展的状态。一个民族的存亡与否，其标准不仅仅是政治的兴衰、战争的胜败，而且是包括文化的保存与发展。正如喀布尔博物馆大门上所写的："当一个民族的文化存在，这个民族就存在着。"在这个由资本化、信息化、网络化、知识化支撑的全球化时代，各种文化互相激荡。发达国家凭借着经济上、政治上的优势地位，不断挤压发展中国家本土文化的生存空间。可以说，这是一种以民族文化为武器的政治斗争。所以，非物质文化遗产作为发展中国家的优势资源，在国际竞争中起着维系民族生存和国家安全的重要作用。

十、审美艺术价值

非物质文化遗产中包含着丰富的表演艺术、口头文学、生活习俗、服饰礼仪、传统工艺，它们或是纯粹的艺术，或者包含着艺术和美的成分，无论是口头文化、体形文化、口头与体形的综合文化，还是造型文化，都是历史上不同时代、不同民族人民劳动和智慧的结晶，展现出一个民族或群体的生活风气、艺术创造力和审美艺术观。它们经过了时间的净化，之所以流传到现在，充分说明它的欣赏水平和创造能力得到了不同时代人们的认可，具有极高的艺术价值和欣赏价值。

非物质文化遗产的审美艺术价值在非物质文化遗产中有许多天才的艺术创造，绝佳的艺术技巧、独特的艺术形式，能深深地打动人类心灵、触动人类情感。通过这些非物质文化遗产中的艺术作品，我们可以想象出当时的历史事件、人的生活方式和生存环境、不同人群的生活习俗，以及他们的思想与感情、艺术创作方式、艺术特点和艺术成就。例如，广西壮族自治区河池市宜州区是传说中刘三姐的故乡，如今，当地仍然是唱歌成风，上至古稀老人、下到妙龄少女，几乎个个张嘴能唱，而且唱得很有韵调、有意有境。他们不仅唱世代相传的歌谣，而且能即兴即景唱身边之人之事，唱社会变迁与时代特色，唱出新社会的风土人情，他们唱出了新时代的非物质文化遗产。

当代的很多影视作品、小说、戏剧、舞蹈等优秀文艺作品，就是以非物质文化遗产中大量的文化艺术为基础和素材创作的。可以说，非物质文化遗产为新的文艺创作打下了很好的基础，使其发挥出更好的审美艺术创造能力，更展现了它的审美艺术价值。在非物质文化遗产中，不仅口头文学、民间文学、表演艺术有审美价值，就连其中的民族民间文化、社会习俗、服饰织染、红白礼仪等也普遍涉及美的内容，具有重要的审美艺术价值。

十一、社会和谐价值

如今的社会利益主体多元化，张扬个性自由，生存竞争激烈。非物质文化遗产是积累、传承文化并加以创造发展的一种重要方式，是规范人们思想观念、行为方式的一种基本力量，有利于人与社会的和谐、全面、平衡发展，具有重要的社会和谐价值。联合国教科文组织在《保护非物质文化遗产公约》中指出，非物质文化遗产是密切人与人之间的关系以及他们之间进行交流和了解的要素，应认识到非物质文化遗产具有的社会和谐价值与作用。通过对非物质文化遗产的保护、传承、研究和发展，可以促进人与自我、人与他人、人与社会、人与自然，以及族群与族群、国家与国家、地区与地区的和谐，调整个体的精神世界，协调人际关系、家庭关系、族群关系、国家关系、地区关系，以及人与社会、人与自然的关系等，从而达到社会的安定、团结、和谐。

中华民族历来就是与人为善的民族，关于和谐的思想文化从古至今一直就有。“和”字常用来指家庭、国家、天下等社会单位内部井然有序、协调一致的状态；“谐”字则更加强调相宜、融洽的含义。

儒家思想中关于“和”的道德理论很多，如孔子所言的以和为贵、为政以和、和而不同；荀子主张和则一，一则多力；孟子认为天时不如地利，地利不如人和，他们都提出了相同的和谐社会的思想理念。从哲学上看，和谐是事物存在和发展的一种共同生存、相互协作的亲和状态，虽有对立，但更强调统一性。从社会学上来说，和谐是一个过程，是事物发展运动的善与美的理想存在状态及其表现。一个和谐的社会应是自由、公正、诚信、友爱，富有生机、安定有序、环境美好的社会，是一个人与心灵、他人、社会、自然和平共处的社会。和谐社会的核心是人与社会的和谐，主要是人对社会的价值认同，而非物质文化遗产就有通过推动价值认同而达成人与社会和谐的巨大优势和重要作用。下面具体分析非物质文化遗产能够促进社会和谐的原因，以及非物质文化遗产所具有的社会和谐价值：

（1）促进社会和谐的传统伦理道德资源。一个民族的文化传承和文化积淀，决定着这个民族的伦理道德和社会文明程度。伦理道德为人类社会的平稳运行提供基本的秩序和保证，是协调个体关系、化解社会矛盾的基本调节方式和手段，是促进个体与社会和谐相处的平衡机制。《全球伦理宣言》强调了伦理道德的这种促进社会和谐安定的价值和作用，明确指出对人的行为，已经有一些古老的准则，它们是一种可以延续的世界秩序的条件。在保护和传承非物质文化遗产的过程中，通过摘取、展览、宣传其中的与人为善、尊老爱幼、明礼诚信、天人合一等美好向善的道德伦理资源和内容，对我们建设和谐社会有着很大的帮助。

群体认同、民族认同、社会认同是和谐社会建设的核心和目标，而文化认同则是实现社会和谐的重要基础。每一个社会、族群都有其与众不同的特定文化，这些文化成为维系他们拥有共同情感经验、共同生活习俗、共同伦理准则的重要内容。非物质文化遗产是这些文化中重要的、鲜活的、发挥重大影响的主要部分、重要成分，在促进社会认同、族群凝聚方面具有重要作用，有很强的社会和谐价值。

（2）顺利完成社会化过程，有助于实现社会和谐。社会就是基于共同生产活动的人类共同体，是人们交互作用的产物和表现。人类是群居的社会化动物，个体都有一个适应集体、融入社会的过程。而社会或群体也必须要每个成员都成为合格的个体，标准和方法就是使所有社会成员都掌握这个社会或族群的文化。这决定了个人生活的主轴是对社会遗留下来的传统模式和准则的顺应。

个体学习族群的独特文化是个体社会化的过程，它是接受和适应并在这种文化中成长发展的过程。在这一过程中，个体接受了族群的独特文化，也就是对这个社会进行了价值认同，通过个体有效地融入社会而达到社会和谐。非物质文化遗产作为鲜活的、多样丰富的文化资源就有重要的社会认同、社会和谐的价值和作用。人的社会化过程就是社会价值认同过程，社会和谐实现过程就是该族群的独特文化世代相传、儿孙相继的过程。在人的社会价值认同过程中，个体一方面要接受社会环境的影响，如家庭、学校、单位、社区等；另一方面又要将社会的价值标准、行为规范变成自己的价值观和行为准则。要有和睦、团结，行动才能协调，才能达到步调一致。协调和一致都实现了，便无往而不胜。人内心和谐，就是主观与客观、个人与集体、个人与社会、个人与国家都和谐。

这就要求我们要高度重视人与内心的和谐问题，从非物质文化遗产丰富的社会和谐价值中汲取资源，增强人们的心理承受能力、提高人们的心理素质，使人们能正确对待挫折和失误，经受得起失败的打击和考验，承受得起生活的重担、磨炼和苦难，成为一个人格健全、心理坚强的人。

第四节　非物质文化遗产的保护历程

一、保护非物质文化遗产的目的

保护非物质文化遗产是为了推动我国非物质文化遗产的传承与保护，巩固中华民族的文化觉醒和文化认可，增强人们对中国文化的整体性和连续性的认知；从而尊重和彰显有关社区、群体及个人对中国文化的贡献，展现中国传统文化的丰富性。应鼓励广大人民、企业单位、文化教育科研机构及其他社会组织积极参与非物质文化遗产的保护工作；履行《保护非物质文化遗产公约》，通过增进国际社会对中国非物质文化遗产的认识，促进国际间的文化交流与合作，为人类文化的多样性及其可持续发展做出中华民族应有的贡献。

作为文化遗产组成部分的非物质文化遗产，对其进行的保护性开发理应得到官方、民间、社会团体的广泛响应，但由于其本身所具有的活态性、传承性等特有性质，又给非物质文化遗产的保护加大了难度，使非物质文化遗产保护和开发面临着困境。

二、我国非物质文化遗产保护面临的困境

（一）工业化和城市化快速发展的现状

在工业化和城镇化的迅猛发展，使我国经济进入了高速发展的快车道，大城市的生活和良好的就业环境吸引着很多乡村及非遗文化所在地区的年轻人进城谋求生活，使这些留在乡村或小城镇的非物质文化遗产的存续面临着后继无人的状况。大城市里不断涌现出的高新就业机会和现代化的生活方式，越来越吸引着这些年轻人，使得他们纷纷选择到城市工作、生活，古老的民间艺术传统渐渐失去年轻一代的传承。

（二）传统技艺及口头传统和表达本身的困境

传统技艺及口头传统和表达本身包含着复杂的记忆程序，传统舞蹈、传统戏剧曲目遗失严重，传统音乐和民间文学、古典史诗需要表演者具备高度精确的记忆力，其中内含一套复杂的记忆模式，这些记忆型非遗文化相比技术类非遗要求选拔的传承人具有更精准、高超的记忆能力，这又使得年轻人疏离了传统艺术。

（三）现代化的媒体技术对非物质文化遗产的威胁

广播、电视、网络等现代化的媒体技术给予了人们更多接触外部世界的机会，极大地丰富了人们的文化娱乐生活，但却使得传统音乐、传统舞蹈、传统美术等的传播受众越来越少。现代化的工业制造工艺同样威胁着传统手工技艺，这些因素影响了非物质文化遗产的保护和开发。

（四）艺术家在传播传统艺术上力不从心

现在很多从事传统技艺、传统音乐、舞蹈表演的艺术家们逐渐老龄化，大多数已到退休年龄，数量也在不断地减少，这对传统的非物质文化遗产的传承和保护有着很大的影响。掌握某种表演艺术，可主持某项复杂的礼仪节庆活动，能精准记忆复杂的史诗、乐曲的艺术家们的数量在减少，年龄在老化，记忆力在减退，使得本就知之甚少的非物质文化遗产变得更加衰退。

我国积极申报世界非物质文化遗产项目，在非物质文化遗产的保护上取得了不俗的成绩，目前是全球拥有非物质文化遗产项目数量最多的国家。我国政府也积极呼吁各省、各地区申报当地富有特色并具有一定的历史、文化、审美价值的

非物质文化遗产。目前我国拥有的国家级非物质文化遗产项目有1530项，各省的省级、县级非物质文化遗产数量更是不计其数。这从一个层面上反映了我国民众对于保护非物质文化遗产的极大热情，为非物质文化遗产的保护和开发创造了良好的环境，但是一些现实的威胁因素仍然存在，申报项目不是目的，我们应把重点放在切实保护非物质文化遗产上来，使得蕴含着中华民族特有精神价值、思维方式、想象力和文化意识，体现中华民族的生命力和创造力的非物质文化遗产拥有更持久的生命力。

三、保护非物质文化遗产的意义

保护非物质文化遗产成为我国近年来持续性的文化热点。国际社会将非物质文化遗产保护视作一项关乎人权与发展的科学工作。非物质文化遗产保护是全球化背景下，人权文化发展和国际社会对文化权利日益扩大关注的必然结果，对实现公民文化权利具有非常特殊的意义。

（一）文化主权的宣示意义

中华文化时间久远，源远流长，是各族人民经历几千年的智慧创造，经过代代流传继承下来的，应该被视为如领土、领海、领空一样具有主权性，即文化主权。非物质文化遗产的传播性与变异性决定了有些事项会在另一个区域形成当地的文化符号，如不注意，我们祖先的智慧创造就会变成别人祖先的智慧创造了。

我们坚持对非物质文化遗产进行保护（包含传承与研究），就是用事实向世人宣布我们的文化主权。保护非物质文化遗产的主权，就是在保护祖先的智慧财富，也是为子孙后代保护好一笔珍贵的文化遗产。

（二）历史财富的价值意义

非物质文化遗产的保护与传承，可以使我们对富于创造、聪明智慧的祖先有一个正确的认识，知道他们是怎样生存和发展的，同时坚定对民族的自信、充满对民族的自豪感，自强不息，加强各民族的互相了解，促进团结。非物质文化遗产还包含了很多丰富的哲学、文学艺术、科学研究，只要人们去认真学习研究，就会有意想不到的收获。

（三）铸塑民族精神的意义

人类的民族精神，是对原始神话与宗教潜移默化的传承，并在逐渐扩散到各种非物质文化类型的过程中，一步步铸塑出来的。中国的民族神话，强调的是智慧的创造与无私的奉献，这样的价值观，通过后期儒、道文化及各民族的非物质文化演化成一种同情、互助、奉献的精神。非物质文化的保护和传承，会继承和发扬这种富有个性的民族精神。

（四）市场开发的意义

文化产业，在许多发达国家已经成为一个重要的产业，在我们国家，由于它的无污染性和低投入性，也越来越受到重视。文化（特别是非物质文化）在旅游开发中越来越体现出它的价值。许多可视性、可参观性、可持续性的非物质文化项目，已成为许多景区景点的名片，也是他们留住游客、深入开发的宝贵财富。

四、国外的保护与发展

以亚洲的日本、韩国，欧洲的法国、意大利等发达国家为例，第二次世界大战结束后，战争给各国人民的心里留下抹不去的创伤，历史遗留下来的物质遗产和文化遗产遭到了战争的摧毁，人们面对着战争带来的毁灭和破坏十分迷惘。在战后的重建过程中，几乎整个欧洲都致力于兴建公共住宅，在城区内进行大规模的开发建设。大规模的住宅重建和开发建设，使大量的历史环境一夜之间在城市中消失，于是人们的怀旧之情油然而生。

战争对文化遗产和非物质文化遗产造成的破坏无疑是十分严重的。在亚洲战场，日本是战争发动国。战争结束后，日本国内通货膨胀、赋税加重。那些文化遗产的持有者们在社会的动荡不安中为了减轻来自生活的压力，不得不考虑放弃自己所持有的文物。文物贩子见有利可图，便乘机活跃起来，一些文物开始流向海外。战后发生的几场大火对日本文化遗产的破坏更是毁灭性的。第二次世界大战中和战后的那些天灾人祸使人们逐渐萌生了保护非物质文化遗产的意识。在保护什么、如何保护的问题上，经过人类不断地探索、长期的实践，世界各国在抢救、保护人类口头与非物质文化遗产方面都掌握了新的方式方法。

（一）日本的保护与发展

如果从明治30年（1897年）制定的《古社寺保护法》算起，日本的历史文化遗产保护已有100多年的历史。一个世纪以来，日本对历史文化遗产的保护一直采用指定制度。这种制度主要是由政府和专家进行保护事业，实行的是局限于某一个时代某一种风格的少数精品主义和重点保护政策。20世纪80年代，日本进行了由国家组织的民俗资料紧急调查、民俗文化分布调查、民谣紧急调查，举行了全国民俗艺能大赛等。根据1983年统计，被指定为重要文化财富的国内美术工艺品共9224件，其中国宝825件；指定重要文化财富的历代建筑物1960件，有国宝名衔的占了207件。

1996年，日本国会通过了经新一轮修改的《文化财产保护法》，主要引入了欧美等国保护文化遗产和非物质文化遗产的登录制度。欧美等国对文化遗产和非物质文化遗产采用登录制度的保护方式，就是将文化遗产和非物质文化遗产进行注册、登记，通过登录认定文化遗产和非物质文化遗产的资格，确定它们的历史文化价值，用一定的法律法规的条例加以约束，并通过大众媒体公布于众，进行舆论宣传，提高大众的保护意识，推动文化遗产和非物质文化遗产的保护。日本正在积极推进文化财登录制度。日本文化厅说，通过这种新的文化财登录制度，他们有保护 10 万件历史遗产的决心。

现在登录制度已是世界各国广泛采用的保护文化遗产和非物质文化遗产的方式，实践证明它也是一种行之有效的方法。联合国教科文组织对世界文化和自然遗产也是采用登录制度。

（二）韩国的保护与发展

为了传播韩国的传统文化，1981 年韩国政府精心组织，举办了为期一周的大型民俗活动：民族之风——1981。广播、电视、报纸、杂志等各媒体对此次活动都进行了大规模的宣传，很多优秀的民间艺术能人脱颖而出。韩国对非物质文化遗产的保护除了有效实施和政府的大力运作外，还用于商业运作和旅游业的宣传。

随着非物质文化遗产活动的快速发展，韩国资本的触角也开始伸向这块前景诱人的领域。商人们把与韩国文化遗产和无形文化遗产有关的东西都开发成有利的商品，使得韩国的非物质文化遗产早已商业化了。面具、戏装、玩偶、文化遗产和无形文化遗产的书刊到处都在销售。在韩国地铁站、外国游客服务中心、韩国产香烟的包装盒上，甚至在韩国飞机的座位后背上，韩国非物质文化遗产的各种宣传广告比比皆是。特别是表演类的非物质文化遗产，经常在各大宾馆为外国游客表演，各类文化遗产和无形文化遗产持有者在电视上公开露面，这些人出场都有一个价目表。不过，小商小贩们向游人大呼小叫地售卖商品的现象几乎看不到。一方面，韩国非物质文化遗产的商业化已经引起了人们的不安；一方面，商业化使非物质文化遗产变成了机械化、模式化，表演艺术的初衷也成了一种商品，正在逐渐失去韩国传统文化原有的内涵；另一方面，韩国非常重视用非物质文化遗产来带动旅游业的发展，主要目标是通过旅游业来推动非物质文化遗产的保护和发展。丰富多彩的文化遗产和非物质文化遗产是吸引游客眼球的重要旅游资源。韩国十分看重旅游地的选择。首先把民俗村的活动组织得有声有色，成为很受大家欢迎的旅游地。在首尔城南有一个古代民俗村。一进民俗村，村口就陈列出韩、中、英、日四种文字的介绍。进入村内可以看到李朝时期先民们的衣食住行、建筑景观和祭祀活动。宗庙的祭祀典礼被韩国指定为第 55 号重要无形文化遗产；祭祀时演奏的音乐被韩国指定为第 1 号重要无形文化遗产。每年春、秋两季，韩国民俗村的主办方和旅游部门的官员想尽各种办法招揽其他国家游客，韩国国家级的表演团队为外国游客表演韩国传统文化。尤其以民俗节和祭祀活动吸引游客。被国家指定为重要无形文化遗产第 13 号的江陵端午祭和祭日演出的《假面戏》每年都举办盛大的旅游活动，以此吸引国内国际数以百万的人参与和观光，使这一非物质文化遗产变成了巨大的文化产业，带动了当地的经济。为了吸引外来游客，那些被韩国指定为国家级文化遗产的表演者，时刻准备着上舞台，每天辗转于不同的演出场地。像农乐乐团一天每隔一小时就要演出一场。韩国非物质文化遗产持有者们的表演逐渐变成了纯商业性的演出。长此以往，需要担心的问题是传统文化表演是否会失去它原有的文化意义和应有的价值。

（三）法国的保护与发展

目前，法国有 18000 多个文化协会保护和展示历史文化遗产。全法国已划定了 91 个历史文化遗产保护区，保护区内的历史文化遗产达 4 万多处，有 80 万居民生活在其中。现在大约有 20 多个城市正在向法国政府申请在市内确立历史文化遗产保护区，法国政府每年批准 2~3 个保护区。对确立的保护区并不会将其封闭保护，历史文化遗产是无法藏身于世外桃源的。法国政府让历史文化遗产保护区大门敞开，让它成为人们了解民族历史与文化的窗口。文化遗产日是法国人的首创。每年 9 月的第三个周末，所有博物馆向公众敞开大门，公立博物馆免门票，像罗浮宫、凯旋门等著名博物馆和历史古迹也在免费开放之列。私立博物馆门票减价，它们可以得到税收优惠。文化遗产日的前几天，法国文化部和各省的文化机构都会向公众推荐参观名录，全国的参观点达 1 万多个。文化遗产日那天，人们举家出动，朝圣般地参观珍贵的历史文化遗产，法国民众保护历史文化遗产的意识正日益增强。

在法国文化遗产日活动的影响下，欧洲文化遗产保护活动也蓬勃地发展起来。1991 年，欧洲理事会确立了欧洲文化遗产日，同年欧洲其他数十个国家陆陆续续举办这项活动，有了第一个欧洲文化遗产日。从此，文化遗产日成为全欧洲的活动。1999 年 9 月，欧洲委员会推出了主题为“欧洲，共同的遗产”的大规模宣传活动。2003 年，在奥地利首都维也纳举行的文化遗产国际研讨会上，奥地利总统亲临大会并致辞。现在，40 多个欧洲国家每年都在 9 月的第三个周末举办文化遗产日活动。

由此可见，法国设立的文化遗产日不仅对法国，还对整个欧洲社会加强历史文化遗产和非物质文化遗产的保护工作产生巨大的影响。

（四）意大利的保护与发展

意大利人曾自豪地说，全世界大约 4%的历史艺术品出自意大利。也有人说，整个意大利就是一件大文物。作为希腊文化重地、罗马文明的中心、天主教的核心、文艺复兴的策源地，意大利保存下来的各类历史文化遗产数不胜数。1996年，意大利只有9处文化和自然遗产被列入《世界遗产名录》，迄今意大利的世界遗产数目已发展到37处。从1997年开始，意大利政府在每年5月的最后一周举行文化与遗产周活动，意大利国家博物馆、艺术画廊、考古博物馆、文物古迹、著名别墅以及一些著名的建筑等所有国家级文化和自然遗产都免费对外开放。全国各地150个城市中数百座平时不对外开放的古迹，一律向公众开放。为了帮助年轻人增加历史知识，培养艺术修养，意大利文化遗产部每年在此期间还以丰富多彩的形式举办数百项与文化、历史有关的活动。

除了自然和文化景观遗产外，意大利的乡村生态旅游、美食文化旅游也逐渐开始兴盛起来。尤其是意大利的西西里傀儡戏被联合国教科文组织确立为人类非物质文化遗产。在西西里岛上有许多木偶剧场，舞台上灯光、布景都很讲究，木偶比我国一般木偶戏的木偶大一些。木偶艺人专门请手工精湛的工匠雕刻、着色、设计木偶形象。这些工匠都沿用着数十年流传下来的制作方法，经过繁杂的手工雕刻，木偶的面部表情被高度夸张。表演者个个都有很高超的技术。表现的故事大多为宏伟的史诗传奇。这些故事一般来自诗歌、浪漫传奇或流行的歌剧，但都是临时编写对白。西西里岛上的木偶艺人们一直为自己拥有这样的传统艺术表演而感到骄傲，并以家族的方式代代相传。西西里傀儡戏形成于19世纪，到20世纪50年代呈衰落趋势。电视的出现、娱乐方式的增多和西西里岛上城镇社会的变迁加快了其衰亡的速度。大量木偶艺人被迫放弃了这个职业。现在意大利政府在抢救和保护西西里岛傀儡戏方面做了不少工作。在西西里岛的商店和摊头上到处都可以买到木偶。这些木偶制作得都很精美，造型各式各样。其中尤以顶盔贯甲的古代武士最多。他们头盔上缀着各种颜色的羽毛或绒缨，手里拿着宝剑、盾牌，五彩缤纷，闪闪发光，确实相当好看。木偶已经成为西西里岛的著名纪念品，吸引着各方游客。意大利政府计划为青年木偶艺人开办培训场所，举办西西里木偶节并开设奖项，在国内外举办木偶展览，兴建木偶戏学校等。

五、国内的保护与发展

众所周知，我们中华民族拥有五千年灿烂的文明史，漫长的历史长河中产生了大量的非物质文化遗产，我国又是一个拥有56个民族的多民族国家，地域辽阔，非物质文化遗产由此呈现出资源丰富和种类繁多的特点。

2001年，中国积极向联合国教科文组申报第一批人类口头和非物质遗产代表作项目，非物质遗产正式进入大众的视野。我国于2004年8月28日批准加入《保护非物质文化遗产公约》。中国国务院办公厅2005年3月发布的《关于加强我国非物质文化遗产保护工作的意见》确定了非物质文化遗产的表述。为了履行

《保护非物质文化遗产公约》义务，我国立法机关于2006年启动《非物质文化遗产保护法》的立法程序。2006年5月20日，国务院批准文化部确定并公布第一批国家级非物质文化遗产名录共518项。2008年6月14日，国务院又公布了第二批国家级非物质文化遗产名录（共计510项）和第一批国家级非物质文化遗产扩展项目名录（共计147项）。2011年5月23日，国务院批准文化部确定第三批国家级非物质文化遗产名录（共计191项）和国家级非物质文化遗产名录扩展项目名录（共计164项）。2014年国务院批准文化部确定的第四批国家级非物质文化遗产代表性项目名录（共计153项）和国家级非物质文化遗产代表性项目扩展项目名录（共计153项）。第一、第二、第三和第四批名录共收录我国非物质文化遗产1836项。

目前，我国拥有34项联合国非物质文化遗产和1836项国家级非物质文化遗产。其中，联合国名录包括昆曲、古琴艺术、新疆维吾尔木卡姆艺术、蒙古族长调民歌、中国篆刻、中国雕版印刷技艺、中国书法、中国剪纸、中国传统木结构营造技艺、南京云锦织造技艺等34项。联合国名录中的羌年、黎族传统纺染织绣技艺、中国编梁木拱桥营造技艺、麦西热甫、中国水密隔舱福船制造技艺、中国活字印刷术等六项又被列为急需保护名单。

目前非物质文化遗产联合国名录中拥有项目较多的国家有：中国34项、日本18项、韩国11项、西班牙10项、法国9项、墨西哥6项等。中国是世界上拥有世界非物质文化遗产数量最多的国家。

2006年国务院确定的我国非物质文化遗产项目类别包含十大类，分别是民间文学，传统音乐，传统舞蹈，传统戏剧、曲艺，传统体育、游艺与杂技，传统美术，传统技艺，传统医药，民俗。按此划分，国家级非遗传统技艺类非遗项目数量最多，有264项，约占总量的17.25%；其次为传统戏剧类项目，共219项，约占总量的14.31%；传统音乐、民俗项目也较多，分别为188项、183项，分别占总量的12.29%、11.96%；再次是传统美术、传统舞蹈、曲艺以及民间文学类项目数目相对较多，分别为144项、140项、139项、138项，分别占总量的9.41%、9.15%、9.08%、9.01%；传统体育、游艺与杂技和传统医药类项目较少，分别只有82项、33项，二者合计相当于总量的7.54%。

综合分析，当前非物质遗产项目类型以传统戏剧和传统技艺为主，传统音乐、民俗、传统美术、传统舞蹈、曲艺类项目为次，传统体育、游艺与杂技和传统医药类项目相对较少的结构特点。

六、非物质文化遗产保护在国际上的发展

对无形文化遗产的实践和保护，韩国受日本的影响，于1961年颁布了《无形文化财保护法》，并于1964年实施。之后，菲律宾、泰国、美国和法国等国家

纷纷开始相继展开类似的保护计划。

但是在发达国家，法理学家把知识产权视为一种资产，他们把版权和专利定义为将智慧加以物化。因为那些集体的文化创造没有文字记载，对其价值的检验存在许多的问题。所以这一概念被国际认可迟缓。

1972 年联合国教科文组织第 17 届大会通过了《保护世界文化和自然遗产公约》，引出了文化遗产和自然遗产的概念，为保护具有共同普遍价值的文化和自然遗产建立永久性的、科学的有效制度，才有了一个共同的认识文化和自然价值的准则。

1977 年，联合国教科文组织的有关遗产保护的第一次中期计划（1977～1983）中首次提到文化遗产由有形和无形两部分组成。后来，随着保护文化遗产和自然工作的深入，一些传统民间文化技艺保护的疏漏渐渐暴露出来。

联合国教科文组织在遗产的认识、遗产的立法等方面也存在一个不断发展和逐渐完善的过程。通过遗产实践发现，对遗产的分类上仅以文化、自然进行划分过于宽泛。1982 年，世界文化政策会议（墨西哥市）承认后来被称为非物质文化遗产那一类问题越来越重要，并将非物质因素纳入了有关文化和文化遗产的新定义中。

1982 年，教科文组织成立保护民俗专家委员会，并建立了非物质遗产处（Section for the Non-Physical Heritage），专门处理相关的事务。

随着国际组织对遗产知识的提高和实践，在保护过程中产生了新问题，一些新的理念和概念相继出现，而物质、非物质遗产的概念便是新认识的产物。

1989 年 11 月，联合国教科文组织第 25 届大会通过了《保护民间创作建议书》（Recommendation on the Safeguarding of Traditional Culture and Folklore），要求各会员国充分意识到大量含有丰富文化特征和各地民族文化渊源的口头遗产正面临消失的危险，应当采取一切必要措施，有必要对那些容易受到严重威胁的遗产进行鉴别、维护、传播、保护和宣扬。

随着人们在长期的探索实践中不断完善对世界遗产的认识，一些新的理念和概念相继出现。而在这个过程中，由于受到日本遗产保护法律相关概念和分类的影响，同时无形文化遗产这一概念被逐渐带入国际社会，后来被直接翻译成英语“Intangible Cultural Heritage”，为国际采用。但在联合国教科文组织的中文版正式文件中，仍沿用了非物质文化遗产这一名称，且类似的情况在联合国教科文组织发布的法语、西班牙语、俄语等多个版本的正式文件中也有体现。

1997 年，为了应对非物质文化遗产濒危的紧急现状，联合国教科文组织第 29 届大会通过了《人类口头及非物质遗产代表作（杰作）宣言》（Proclamation of Masterpieces of the Oral and Intangible Heritage of Humanity）。

2001 年，联合国教科文组织第 31 届会员国大会中，民间传统文化被非物质文化遗产（Intangible Cultural Heritage）替代了，同年 5 月 18 日，联合国教科文组织总干事松浦晃一郎在巴黎郑重宣布了包括中国昆曲、日本能乐、韩国宫廷宗庙祭祀礼乐在内的首批 19 项人类口头和非物质遗产代表作（杰作）。

2003 年 10 月 17 日，在巴黎召开的联合国教科文组织第 32 届会议上，通过了《保护非物质文化遗产国际公约》（International Convention for the Safeguarding of the Intangible Cultural Heritage），目的是为了保护语言表达、口述传统、表演艺术、宗教仪式、社会实践、节日、有关自然的知识和宇宙的实践以及和传统手工艺相关的技术。公约强调非物质文化遗产是代代相传的，但同时又不断被社会群体进行再创造。这是一项关于无形的非物质文化遗产保护的重要的国际公约，也为各成员国制定相关国内法提供了国际法依据。

国际社会对历史文化遗产的认识经过了漫长的过程，从城市建筑到城市历史保护区，从文化遗产到自然遗产，从物质文化遗产到非物质文化遗产，在这个基础上，形成了科学、全面的历史文化遗产概念，特别是在美国、法国、澳大利亚、日本等国家，文化遗产保护范围、对象、内容都在不断扩大。

如 1980 年以后，日本在对历史文化遗产保护的同时开始考虑对历史环境保护的问题，不仅反映在保护对象的扩大方面，还反映在对历史环境保护的物质价值认识及历史环境在精神文化方面价值的理解和评价上。历史环境保护工作已经不单是简单地保护文化遗产本身，而是成为挖掘城镇魅力，进行社区营造的主要途径。传统建筑物群保存地区制度的创立，代表着文化遗产保护从崇古求美的单纯保护，上升到了保护与再利用的新阶段。

但现实中驱动人们申遗的一部分是利益因素，缺少对文化的推崇和对自然的敬畏，对现有的世界文化遗产重开发、轻保护。

文化遗产的保护与传承比申遗更加重要，不仅要转变思维还要强化法律及制度作用，严格执行好文物保护法、环境保护法。不要看着韩国的申遗行为就盲目跟风，也不能迷醉在五千年璀璨文明中，更不能迷失在万里锦绣山河的旖旎里，我们真正要做好的就是严格执行好法律制度，传承好大自然与祖先们恩赐给我们的遗产，让子孙万代都自豪于祖国的锦绣山河。

第二章　河北省非物质文化遗产介绍

河北文化底蕴深厚、历史悠久，拥有众多非常珍贵的非物质文化遗产。这些非物质文化遗产是中华文明的瑰宝，也是燕赵儿女宝贵的精神财富和智慧结晶。保护非物质文化遗产，保证民族文化的传承，实现河北更快更好发展有两点必然的要求：一是增进民族团结，增强民族情感纽带，维护国家统一及社会稳定；二是建设社会主义先进文化，推进文化大省建设，构建和谐河北。

第一节　河北梆子

河北梆子是中国梆子声腔的一个重要支脉，初形成于清道光年间（1821～1850 年），清光绪初年时进入兴盛时期。河北梆子在剧种方面不仅擅长于表现历史题材，而且能清晰地反映出现实生活；在舞台艺术上，无论是音乐、表演，还是舞台美术方面，都有极大的变化和明显的提高。河北梆子流行于河北、天津、北京以及山东、河南、山西部分地区，能成为中国北方影响较大的传统戏曲剧种与其明朗、刚劲、华丽、委婉的特点密不可分。河北梆子在其兴盛时期，还曾传入中国东北三省、江淮地区以及俄罗斯和蒙古人民共和国境内。

2006 年 5 月 20 日，河北梆子经国务院批准列入第一批国家级非物质文化遗产名录。

一、历史渊源

（一）河北梆子的起源

河北梆子由流入河北的山陕梆子演变而来，形成于清道光年间（1821～1850 年）。山陕梆子流入河北的时间较久，在清代有相关记载，有的称秦腔，有的称乱弹，有的称西部，有时也叫弋阳梆子。其具体流入时间，据刘献廷之《广阳杂记》载：秦优新声，有名乱弹者，其声甚散而哀。刘献廷生于清顺治五年，逝于康熙三十四年（1648～1695 年），所记是 17 世纪末他在北京及其周围地区的见闻，证实此时京畿地区已有秦声或谓乱弹（即梆子腔）在流行。至乾隆时，秦腔愈益盛行，对昆曲已形成压倒之势，如乾隆九年（1744 年）的《梦中缘传奇》序载：长安（北京）之梨园……所好唯秦声、罗、弋。厌听吴骚，闻歌昆曲，辄哄然散去。此后，至嘉庆年，盛尚秦腔，尽系桑间濮上之音（《都门纪略》词场序）。以上所列，说明至迟康熙中叶京畿地区已有了秦腔，延至乾嘉一直有演出活动。

山陕梆子流入河北后，在长期的演出过程中为了赢得当地群众的喜爱，依据当地群众的语言习惯、兴趣、爱好、后继人才和从业群体的当地化等，在艺术上进行不断的改革、创造。在演员中，河北人逐渐增多，导致山陕梆子发生了变化。到了道光年间，长期活动在河北的山陕梆子逐步发展成早期的河北梆子。至迟在 19 世纪 40 年代，河北就有了直隶梆子科班。延至道光末年，在京南雄县马务头和定兴相继又涌现出三庆和、祥泰等直隶梆子科班。学生多为当地穷苦农民子弟。教师中既有梆子艺人，也有高腔、梆子兼能的艺人。科班出身的艺徒，主要活动于定兴、徐水、容城、高阳、霸州一带。道光年间的科班，当属最早的河北梆子科班，也是河北梆子诞生的重要标志。

（二）发展

河北梆子具有了有别于山陕梆子的独特面貌之后，发展迅速，延至 19 世纪 60 年代与 70 年代之交，省内已出现许多班社。随着班社的大量产生和大批优秀演员的涌现，河北梆子遂于清同光之交开始呈现繁荣昌盛景象，这也是它有史以来的第一次发展高潮。河北梆子的蓬勃兴起，同彼时在北京称雄的皮黄（即京剧）形成争妍斗盛、分庭抗礼的局面。河北梆子科班和戏班几乎遍布河北各地。班社的大量产生，使河北梆子在农村成为无可抗衡的剧种。

（三）走向衰落

进入 20 世纪 30 年代，河北梆子走向衰落，首先始于北平、天津、上海等大都市，而后波及中、小城市。在农村衰落的速度较慢。到 40 年代末，已衰败不堪，几乎濒临灭绝。1931 年日本侵华后，活动在东北各地的河北梆子艺人大批逃回关内。河北农村的河北梆子班社也纷纷解体。造诣较深、条件较好的河北梆子艺人大多入城市改习京剧或评剧。北京已不存在河北梆子班社，只天桥的游艺场还有零散艺人演出帽儿戏。天津也仅零星艺人的个别演唱。京、津两市的河北梆子艺人，大多被迫改行。在农村，大批班社也纷纷解散，有的艺人甚至靠乞讨卖唱为生。

在日伪统治时期，北平已没有一个有组织的河北梆子班社，只有天桥的红楼戏园和小小戏园有一出河北梆子帽儿戏。其河北梆子艺人的演出所得极其微薄。

天津本是河北梆子班社和艺人最集中的地方，观众基础深厚。然而在敌伪统治时期，河北梆子竟落到无一班社的地步，只是鸟市、三角地、西广开等处的茶园间或有零散的河北梆子艺人打子儿（计时收费演出）。

在农村，河北梆子的衰落速度较城市缓慢些。但到了20世纪40年代，除了庙会或春节偶有业余的河北梆子演出外，平时极少有演出活动，专业班社已不复存在。农村的河北梆子艺人，也像城市艺人一样，有的改唱其他剧种，有的落地为农，更有的以沿村卖唱乞讨为生。

二、河北梆子的复兴

正当河北梆子剧种濒临灭绝时，八路军冀中军区于1946年成立了梆黄合演的培新剧社，冀中第八分区也建立了河北梆子剧团。这两个戏曲团体的建立，使奄奄一息的河北梆子剧种得到了拯救，也为河北梆子的复兴积蓄了力量。此外，在解放区农村，许多流散的艺人在民主政权的照顾下生活也得到了保障，农民业余剧团纷纷成立，许多艺人参加了业余剧团。

1949年中华人民共和国成立后，河北梆子开始了全面复苏。在保定，原冀中军区培新剧社改建为河北省实验剧院（京、评、梆合演），此后不久又改建为国营河北省河北梆子剧团；与此同时，河北全省各地也先后建立了许多专业的河北梆子剧团。据统计，仅专区级的演出团体即有保定、沧州、天津、衡水、石家庄等专区河北梆子剧团；县级的则有：定县、蠡县、满城、雄县、任丘、河间、饶阳、迁西、怀来、兴隆、丰宁等县的河北梆子剧团。

之后，1955年又建立了河北省戏曲学校，以保障河北梆子事业后继有人。这是河北有史以来的第一所由国家兴办的以培养河北梆子人才为主的戏曲教育机构。该校的第一、二届毕业生后来大多成为各地河北梆子演出团的骨干。

经过短暂的恢复时期，河北梆子剧种于20世纪50年代中期开始呈现蓬勃向上的发展趋势。至60年代初，已呈河北梆子全面复兴的局面。许多新文艺工作者加入河北梆子队伍中来，同艺人合作，进行艺术改革、创作，这也是河北梆子得以复兴的一个重要因素。

三、目前河北梆子的困难

（一）就业面窄，生源少招生困难

20世纪80年代后期以后，在各种现代艺术形式的不断冲击下，河北梆子的生存再度出现危机，演出市场萎缩，人才流失严重，急需加以抢救、保护。

戏曲学校是培养河北梆子人才的主要基地，但河北梆子专业招生难、生源少，已成为急需解决的问题。

由于艺术生学费高，培养周期长，孩子要从七八岁、十几岁开始练功，非常艰苦，综合素质要求也高。而且相对京剧来说，河北梆子毕业生就业面窄，所以很多家长不愿让孩子报考。

（二）新人少，剧团人才储备不足

随着一些老一辈艺术家退出舞台，河北梆子剧院面临的最棘手的问题就是演员青黄不接。主要演员已人到中年，而很多青年演员行当不全、演技还不够成熟，人才的匮乏成为事业发展的瓶颈。由于后备人才不足，从长远看，河北梆子很可能出现青黄不接、后继乏人的问题。

（三）艺术形式古老，演出市场萎缩

政府扶持力度不够，投入资金不足；市场需求发生变化，人文教育的途径不再是传统的单一形式——看大戏；河北梆子艺术形式古老，唱腔难度大，不利于普及。在多元文化的影响下，年轻人不了解戏曲，导致戏曲观众年龄老化。演出市场日渐萎缩，专业剧团数量锐减，有些已经名存实亡。

四、三大流派

河北梆子在发展过程中，曾经有过三大艺术流派。其中有两派统称为京梆子，一支是直隶老派，一支是山陕派。在这两派形成之后，又有了一个直隶新派，这代表着河北梆子历史在不同阶段的发展。每一种流派都对河北梆子的发展起到了巨大的推动作用。

（一）直隶老派

直隶老派史于农村，细分起来有南北之别，以上海为中心的河北梆子，称为南派；以京、津为中心，流行于河北、山东以及东北三省的河北梆子，称为北派。两派比较，南派略弱，北派较强。南派形成的时间是在清光绪中期，是由北派衍生出来的。

直隶老派的特点，含南北派在内，均是文武兼备，唱做并重，唱文戏的也会演武戏，文武不分，不同演员的演出都有各自的不同。在剧目方面很重视革新，河北梆子时装戏的兴起，就是由直隶老派率先搞起来的。北派的唱念基本上是以直隶语言为基础，留有一些山陕韵味；演唱上讲究平稳、舒展、刚劲、质朴，从简而上，不花哨。而南派的唱念特点，虽然也以直隶语言为基础，但在唱腔上却较多地保留了原系山陕梆子的二音假声花腔，并重婉转柔美之趣，这种假声花腔北派演员基本不用，趋于淘汰。南派之所以保留了此腔，这与南方群众喜欢听它是分不开的。然而在念白中，却较北派更直隶化，很少有山陕韵味。南北两派尽管有这些区别，两派的共同点还是要比不同点多些，毕竟都是直隶老派。

（二）山陕派

山陕派主要是由来自山陕的艺人形成的。光绪期间，有较多的山陕梆子艺人（山西人居多）先后拥入北京，改唱河北梆子。这些艺人为了与直隶老派梆子演员合作演出，同时也是为了博得当地观众的欢迎，在登台献艺之前，都要先经过短期的改弦更腔训练，这种改造，后来叫治扭。山陕艺人唱着这种治扭后的梆子，肯定和地道的直隶老派梆子有很大的区别，特别是在念白方面带有很浓重的山陕韵味。尽管有些山陕派演员在念白中揉进了直隶语音，但始终不如当地人的好，当时人称这种直隶语音与山陕语音掺半的口白为臭板子。也有少数山陕演员仍念蒲白（以山西蒲州语音为基础的韵白），坚持不改，并以此为正宗，这是山陕派在念白方面的显著特征。

在唱腔方面，与直隶老派比较起来，板式结构与使用规范全都相同，唯情趣、韵味有差别，山陕派具有凄凉、悲壮、哀怨、酸楚的特点。除此，在表演方面，山陕派非常崇尚特技，如翎子功、翅子功、发缕功、髯口功、椅子功、跻功等，都是山陕演员所擅长的，在这方面胜直隶老派一筹。十三旦（侯俊山）、十三红（孙培亭）、十二红（薛固久）、元元红（郭宝臣）、五月仙（商文武）、捞鱼鹳等山陕派代表人物均长于此道。山陕派与直隶老派的合作，酿成了光绪年间河北梆子与京剧争衡的局面，扩大了河北梆子的影响，推动了剧种的发展。

（三）直隶新派

直隶新派，是一支在直隶老派基础上成长起来的河北梆子，是直隶老派的延伸。新派梆子兴起于清末民初，它以迅猛之势风靡剧坛，席卷了直隶老派与山陕派的演出阵地。迫使直隶老派演员纷纷效法，山陕派退避三舍，甚至使气势正盛的京剧也受到了很大冲击，一举成为河北梆子的主流。梆黄争衡的形势，自此转为新派梆子与京剧之争。

直隶新派以女演员为中心，以唱功卓越著称。唱腔上比老派泛滥，具有高亢、华丽、曲折、跳跃的特点，极富于震撼力，听后使人感到心情愉悦，伴奏音乐也极为火炽、激烈。其唱念一扫老派梆子所保留的某些山陕韵味，彻底河北地方化了。中华人民共和国成立后流行的河北梆子，就是直隶新派的延续。

新派演员一般说来是以文戏为主，不尚武功，更绝少有山陕派那样的特技表演，上演的剧目多是唱功戏。此外，新派还继承了直隶老派编演时装戏的传统，大演时装戏。新派梆子在其兴旺时期，承袭了由老派开拓的流布地域，仍然是南到上海，北至哈巴罗夫斯克和乌兰巴托。

新派在艺术上善于革新，不为旧习所拘束，打破了以山陕为正宗的传统观念。不仅彻底改造了老派直隶梆子中的山陕余音，完全由直隶语音取而代之，而且还创出了许多新的唱腔板式，如大慢板、反调二六、单导板、长搭调等，这些都是老派梆子所没有的。

五、艺术特点

（一）生、旦、净、丑行

河北梆子唱腔分为生、旦、净、丑四行。属于生行的小生、武生基本都用老生唱腔，但不唱大慢板；属于旦行的花旦、刀马旦、彩旦、老旦等则用青衣唱腔，也很少唱大慢板；净行有一套自成体系的基本板式，有小慢板、二六、尖板、流水四种，但不甚完备；丑行也有一套自成体系的唱腔，除无大慢板外，其他板式俱全。

男女声唱腔采用同宫同腔，男演员唱来较为吃力。正调唱腔是微调式，反调唱腔为宫调式。唱腔中的四、五度大跳进，是旋律进行的突出特点。演唱上讲究腭嗽、喷口、砸夯等特殊技巧，听来慷慨激越，淋漓痛快。

（二）唱腔板式

高亢、激越、慷慨、悲忍是河北梆子唱腔固有的风格特点，河北梆子的唱腔属板腔体，唱腔高亢激越，善于表现慷慨悲愤的感情。主要板式有慢板、二六板、流水板、尖板、哭板以及各种引板和收板等。

慢板分大、小慢板。大慢板是河北梆子唱腔中演唱速度最慢、曲调性最强的，一板三眼（记作四分之四板式），多用于青衣、老生行当，适用于表现剧中人物的抑郁、愁烦、缅怀、沉思等情绪。但是它不能自行结束，唱完后必须转入小慢板。小慢板是一种用途很广的板式，生、旦、净、丑各行都可运用。这种板式可抒情、可叙事，是介于大慢板与二六板之间的板式和大慢板通向二六板的桥梁，不过也常常单独起板，自成唱段。

二六板基本分为两大类，一为正调二六，一为反调二六，均属一板一眼（记作四分之二）。

正调二六又有不同速度的板名：紧接在小慢板之后的，称为慢二六，曲调性较强，唱腔从容舒展，偏于抒情是它的特点；用在流水板之前的，称为快二六，工于叙事是它的特点；介于以上二者之间是中速二六，是二六板的主体。中速二六唱腔平易流畅，兼有快、慢二六板的功能、最为广泛运用。二六板可塑性很大，也极为灵活，因为既可用来抒发人物的多种感情，也可以用它沟通除大慢板以外的任何板式，所以可以说它是河北梆子唱腔的核心。

反调二六俗称反梆子或反调，既无起板，也无收板，不能自起自落，它的上承或下转均须经由正调二六带入和接出，虽然不是一个完整的板式，但是却善于表现人物的哀怨、凄楚之情。

流水板是河北梆子中有板无眼的唱腔，有整板流水与散板流水之分。整板字多腔少，流水节奏急促，差不多是一字一板，甚至一板二字，因此被称为紧打紧唱。散板流水比较自由，行腔可长可短，随需要而定，但在唱腔的进行中要不间断地、匀称地快击梆子，因此谓之紧打慢唱。两种流水板主要来表现人物的愤怒、焦急、仓皇等情绪。

尖板是无板无眼的散板唱腔。哭板也是一种无板无眼的散板唱腔，除开头有过门，结尾处和以乐器伴奏外，在唱腔进行中间不托任何乐器。

唱词多以三三四十字和二二三七字句，偶尔有五字、六字及多字句。虽词上下句的尾字，通常中同辙不同声，大多是上仄下平。在一大段唱词里，中间也偶尔有变换辙韵的情形，但一般不多见。

（三）表演程式

河北梆子表演艺术很讲究程式规范，借助程式来完成对剧中人物的思想感情、性格特征的表演。在表演中，运用一些杂技技巧，俗称为绝活，这在短打武戏中比较常见。

河北梆子的表演程式与京剧表演形式基本相同，只是在具体运用时比京剧更夸张、更奔放些，因而形成粗犷火爆、不尚蕴藉的表演风格。高难特技的运用，无统一规范，因人而异。

（四）角色特点

河北梆子分为生、旦、净、丑四行，在不同行当中，其表演艺术各有特点。

生行分胡子生、小生、武生。胡子生在生行之中占首要位置，又分文胡子生（重唱功）、脆胡子生（重做功）、武胡子生（重功架）三种；小生分文小生、武小生、穷生、娃娃生几种；武生分长靠武生、短打武生。1888 年梆子、皮、黄合演以前，河北梆子的武生行还没有独立，梆、黄合演之后，在京剧影响下，武生逐渐从各行中分离了出来，成为独立的行当。

胡子生行在生行中占有重要地位。多表现在正派人物，念白讲究韵味，唱法是本宫（真声）与背宫（假声）相结合，以本宫嗓为主。除这些共同点外，各种胡子生又有各自不同的特点。文胡子生，俗称肉头生，不尚做工，在表演上讲究身端、额准、目正、步方、稳中传神。此行极重唱功，其唱腔丰富多变，具有代表性。脆胡子生，因其表演上具有干净、利落、脆快的特点，故得此称。讲究做、念、唱并重，尤擅运用各种身段动作刻画人物形象。

武胡子生，又名架子生，它与脆胡子生的区别在于一属武人，一属文人；一重武功，一重做功。武胡子生尤重腿功，如《观阵》中的秦琼，当王周陪同他观阵的时候，表演上运用了兴足齐眉（朝天镫）、单腿行走（探海）、斜跨回望（回头望月）等工架身段，表现秦琼所处的险境和激愤的心情。这种表演与京剧的以文老生应工的秦琼有极大的不同。

穷生，是小生门中最难演的一个行当。其表演特点是抱肩、弓膝、缩胫、小步，以此来表现人物穷愁潦倒的境遇和拘谨寒酸的气质。唱腔高而且直，乏婉转，多凄怨哀号之声。穷生善于用极为夸张的手法表现不同人物的精神状态，颇具喜剧的色彩和特技。

旦行分青衣、花旦、武旦、老旦、彩旦五类。青衣，又称正旦，在剧中多穿黑色服装，但在少数传统剧目中也有穿白衫的青衣，如《祭江》中的孙尚香、《白蛇传》中的白素贞等。花旦，由于表现人物性格类型比较多样，因而又有闺门旦、耍笑旦、摔打旦、泼辣旦、小旦之分；武旦又分两种，挖掘靠架武生的，谓之刀马旦，具有短打武生特点的，谓之夜叉旦；彩旦以往均由丑行兼演，属丑行，有了女演员后，改由女性扮演。

青衣和花旦是女性角色具有代表性的行当。青衣又称正旦，其表演讲究端庄稳重，有三不露的规范要求，即行不露足，举不露手，笑不露齿。青衣极重唱功，不尚做功。由于所扮演的角色多系性格善良贤惠、命运悲惨的女性，故擅演悲剧。花旦（包括各种不同类型）总体来说在表演上做重于唱，念京白，自上的功夫讲究轻、快、俏。

净行分大花脸、二花脸、武花脸、零碎花脸四类。在大花脸行中，又分黑头、白奸、红头和净生（花脸老生）四种，每种都比较侧重唱工。特别是花秀老生（净生）为河北梆子特有，扮相素脸、白满髯，近似老生，但唱念及表演程式却是花脸路子，如《庆顶珠》中的萧恩、《三击掌》中的王允、《扑油锅》中的伍奢等。二花脸，重做工，又分架子花脸、武花脸、零碎花脸。

丑，又名三花脸、小花脸，分文丑、武丑两大类。在文丑中，又有袍带丑、道袍丑、腰包丑、神鬼丑、老丑等；武丑，又名开口跳，也是梆子、皮黄合演之后的产物。武行在做打上又分英雄将、斗将两类，习惯上称前者为上手，后者为下手。如兽形、四刽子手、四牢子等，都属武行应工。此外还有杂行，包括旗卒、锣夫、伞手、报卒、车夫、轿夫、家奴、院公、丫鬟、彩女、龙套等。

（五）唱腔技巧

宽落音：以丹田为气息支点，多用于散唱的大拖腔尾部“6”“4”或“5”等音上，靠收缩小腹、胸腔扩充控制气息，使气流有力地徐徐呼出振动声带全部，以发出浑厚、响亮的长保持音。听起来慷慨悲壮，热耳酸心。

夯音：夯音是以丹田为用气的根基，多用于唱句落音之前的“6”或“5”音上，并常与下滑音同时运用。在瞬间急促收缩小腹，胸廓猛烈支撑，使气息强烈冲击声带而发出坚实、浑厚、短促的强顿音，感觉好似大咳一声。夯音生、旦、丑行都用，但生行用得最多。

硬上功：以丹田为气息支点，多用于唱句开始时曲调“25”或“55”处。猛收缩腹部，支撑胸部，使喉头稳定，提高软腭，以发出坚实、挺拔的高音。

（六）以气带声

河北梆子讲究以气带声。意思是说，要用充实的气息冲击声带，使声带做出振动而发声。主要的发声方法可归纳如下。

共鸣音：共鸣音指的是发音的不同共鸣位置。共鸣音根据唱腔的高音和唱词的字音区别运用。大致分为胸音、喉音、口音、鼻音和脑后音等五种。

真嗓、假嗓和真假嗓：真嗓又称本功嗓，是运用气息，通过声门，使声带全部振动或使声带的全段边缘振动，发出音调较低、音色宽厚的声音。

假嗓又称背功嗓，是运用气息将声带的一段吹开，使其边缘部分振动，发出音调高而音色尖亮的声音。

真假嗓又称混合声，是单调和音色介于真、假嗓之间，既尖亮又具有一定宽度的声音。以《蝴蝶杯》里的几句唱段举例：倒叫我（假嗓）（真假嗓、真嗓）田玉川（真假嗓，川字真嗓）左右（假嗓）为难。（为—难，真嗓—假嗓）（哪）（真—假嗓—真）男（真—假嗓）和女呀（真嗓）同（真—假）舟船（假嗓）多（真—假）有（真嗓）不（真假嗓）便（真假嗓）（真—假，指真嗓过渡到假嗓）。

（七）先运气、后出声

河北梆子演员常先运气、后出声，所以用唱一辈子戏，练一辈子气等话来强调用气对于演唱的重要。通常主要的方法如下。

丹田用气：河北梆子演员普遍讲究丹田用气。丹田用气的具体方法大致可解释为：在吸气的同时，小腹收缩，胸廓、肺泡扩充，膈肌下沉，用丹田力量控制呼吸，使胸膛形成负压，从而使气息充实，再根据发声需要，调节气息大小、急缓，以利发声。这种理论来源于中国的中医学，中医学认为丹田位于脐下，其部位相当于针灸的气海、关元穴。

气口：气口大致包括换气、偷气两种。是演唱中吸气的方法的总称。

换气：一般是指唱腔间歇中的吸气，在拖长腔和起高腔之前必先换气，以做好准备。

偷气：一般是指在行腔中的急速吸气。

六、音乐特征

自河北梆子这个剧种诞生以后，几经沿革变化，直到清光绪末年，直隶新派梆子崛起，一跃而为河北梆子的主流，才最后统一了河北梆子音乐的基本特征，树立了河北梆子的新风格。

新派梆子的音乐既继承了老派梆子的慷慨悲壮、苍凉凄楚的风格，又根据河北人民的艺术情趣、民风民性和语言语音特征等，增添了高亢激越、痛快淋漓的特点，但和老派梆子唱腔相比较则更加刚劲、豪爽、激愤，伴奏也更加热烈火炽，很有震撼力。

河北梆子乐队由文场、武场两部分组成。河北梆子武场是随着河北梆子的诞生而成长起来的。它来自山陕梆子，与河北地方的花灯会、吹歌会相结合，吸收了昆曲等剧种的精华，扎根在河北大地，并经前辈乐师们不断努力和创造，逐渐演变为后来的演奏形式。

河北梆子的锣鼓点节奏鲜明、铿锵有力，为北方地区许多剧种以及京剧所引用，也有着独特的演奏风格。如京剧的马腿、流水、串子、双飞燕（又称九锤半）等都来自河北梆子。河北梆子武场对评剧的影响也很大，在清末民初时，成兆才创办的庆春社曾聘请河北梆子鼓师做教师，并创立评剧乐队及伴奏形式，由此评剧的开唱锣鼓，如安板、尖板、垛头、梆子穗、七锤子等，几乎均沿用了河北梆子的锣鼓经。

河北梆子的传统伴奏乐器，文场以板胡为主，笛子为辅，其他乐器有笙、唢呐、三弦等。中华人民共和国成立后，乐队有了很大的发展，文场乐器有板胡、梆子、笛子、三弦、扬琴、二胡、筝、阮等；武场乐器有板鼓、板、大锣、铙钹、手锣、小钹、碰钟、堂鼓、花盆鼓、唢呐等。

七、曲牌介绍

河北梆子常用曲牌约有 150 余首，其中，弦乐曲牌 50 余首，管乐曲牌百余首。大部分曲牌（尤其是弦乐曲牌）主要用来渲染剧中的环境气氛，伴奏人物舞蹈动作。但是也有个别剧目中用于歌唱外。

八、传统剧目

河北梆子剧目大多来自山陕梆子，约有 500 余出，也有一部分是移植京剧、高腔、丝弦戏、深泽坠子戏、哈哈腔的剧目；除此之外还有 100 余出时装戏，是梆黄合演（两下锅）以来的产物，但大多没有流传下来。

河北梆子时装戏始于光绪十六年（1890 年）前后，约止于民国二十六年。大致可分三个时期：1890~1910 年，是河北梆子时装戏的初期，剧目多取材于当时的社会生活，如《惠兴女士》《烟鬼叹》《梦游上海》《火烧第一楼》《蚂蚁拿臭虫》《耗子成亲》《春阿氏》《张傻子游街》等。这些时装戏开始多由田际云所办的玉成班上演，也多属玉成班自编。宣统三年（1911 年）至民国十五年

（1926年），是时装戏的中期。由于受辛亥革命和五四运动的影响，时装戏的题材有所扩大，不仅有以国内社会新闻为题材的戏，而且还有一些改编外国著名小说的戏，像《茶花女》《复活》《拿破仑》等即是；另外也编写了反映近代科技的戏，如《电术奇谈》等。民国十六年至民国二十六年（1927~1937年），是河北梆子时装戏的末期。这时以三言、二拍、聊斋等取材改编的戏大量增加，如《十五贯》《庚娘传》《胡四娘》等。因为这些戏大部分都化为当代故事，穿时装演出，所以也称时装戏。

在河北梆子传统剧目中，也有少量的昆曲和吹腔的戏，但在演出上与梆子戏并不冲突，而是各有其特定的剧目。此类剧目多系在清光绪中期之后从京剧中搬过来。

传统剧目多取材于殷周、列国、两汉、三国、隋唐、宋元明清至民初的历史故事。以民间生活为题材的小戏，数量很少，且不常上演。代表性剧目有《蝴蝶杯》《秦香莲》《辕门斩子》《江东计》《南北和》《打金枝》《杜十娘》《三上轿》《双锁山》《乌玉带》《辛安驿》《花田错》《罚子都》《喜荣归》《赶斋》《打柴得宝》《观阵》《作文》《疯僧扫秦》《春秋配》《二堂舍子》《芦花记》等。

传统剧本的词句都简单明了，常有河北地方语言掺杂其中，具有民间的生活气息。文字也绝少有人改动，因而有些戏文比较粗拙。主体唱词都是齐头句式，多用七言、十言句，偶也有五言句式。

九、艺术名角

（一）历代名家

河北梆子早期的演员有十三旦（侯俊山）、十三红（孙培亭）、十二红（薛固久）、元元红（郭宝臣）、五月仙（商文武）、捞鱼鹳、大金钟（韩金福）、童子红、魏联升等。

河北梆子历代演员为数很多，响九霄、崔灵芝、小香水（李佩云）、金刚钻、韩俊卿、银达子、王玉磬、赵鸣岐、秦凤云、贾桂兰、刘香玉、金宝环、金桂芬、金紫云、高凤英、向月樵、孟翠英、冀桂云、田志中、冀宽、筱翠云、梁达子（云峰）等分别是兴盛时期和复兴时期的著名演员。后起之秀则有张淑敏、张惠云、齐花坦、刘俊英、裴艳玲、闫建国、王伯华、路翠格、李淑惠、张志奎、王瑞楼等。

1949年1月，天津解放后，河北梆子演员队伍更加庞大。在当时，青衣演员有韩俊卿、刘香玉、梁蕊兰、宝珠钻、金玉茹、金香水、葛文娟等；老生演员有银达子、云笑天、王玉磬等；刀马、花旦演员有金宝环、金小波、张美华等；小生演员有杜义亭、武义文；花脸演员有胡满堂、马春奎；以及女武生演员红艳霞，琴师郭小亭、李寿山，鼓师王顺义、高满玉等。外地来津献艺的梆子剧团或老艺人流量增多。如小秃红、陶顺义、赵连祥、刘洪山、苗素珍、蓝立春等，都曾来津演出或授徒传艺。

河北省河北梆子剧院培养了一大批专业优秀的艺术人才，其中建功立业的老一辈艺术家有裴艳玲、张慧云、彭蕙蘅、许荷英、王洪玲、刘凤岭等中国戏剧梅花奖得主；有陈家和、杨晓利、王新生、马海燕、魏青、苏根树等有卓越成就的中青年编创人才；还有在国内外戏剧舞台获取各种殊荣的张秋玲、王云菊、邱瑞德、吴桂云、陈宝成、毕和心等河北梆子表演艺术精英，从而形成了一支实力雄厚、令人瞩目的创作演出群体。

北京市的主要演员有刘玉玲（国家一级演员、首届及第二十届二度中国戏剧梅花奖获得者）、王凤芝（国家一级演员、第四届中国戏剧梅花奖获得者）、李二娥（国家一级演员、第四届中国戏剧梅花奖获得者）、彭艳琴（国家一级演员、第十八届中国戏剧梅花奖获得者）、王洪玲（国家一级演员、第二十届中国戏剧梅花奖获得者）、王英会（国家一级演员、第二十四届中国戏剧梅花奖获得者），以及国家一级演员殷新泉、张四刚、张树群、丁立树、刘凤香、高德敏、蒋林燕、郭砚夫等。

（二）梅花奖得主

中国戏剧奖·梅花表演奖（Plum Performance Award，简称中国戏剧梅花奖）是中国戏剧表演艺术最高奖，截至 2013 年，河北梆子梅花奖得主有（2009 年，裴艳玲因新编京剧《响九霄》二度获得梅花奖，故不在此列）

第二节　吴桥杂技

吴桥杂技是河北省的民间传统民俗杂技艺术。据有关史料记载，吴桥杂技的历史最悠久。提到“杂技之乡”人们多以河北省沧州市吴桥县素称。相传，吴桥是孙武后代的封地。吴桥姓孙的人也的确不少，以孙姓命名的村就有前孙、后孙等不下十多个村。吴桥古城东南面有一群土丘，相传是孙膑与庞涓打仗时摆迷魂阵留下的。吴桥人习武练杂技比较早，土丘南面十里处有个孙公庙村，村东有座孙公庙，庙里供奉的塑像就是孙膑。吴桥人习武练杂技之所以早，据说就是与此有关。

2006 年吴桥杂技被国务院列入第一批国家级非物质文化遗产名录。

一、技艺由来

吴桥县位于古黄河下游，西有大运河，东靠四女寺河，纵横河流占去大片土地，且土地盐碱瘠薄，水灾频繁，又是战乱之地，人民生活水深火热，人们在走投无路的情况下，只好打个跟头，变套戏法，耍耍大刀，玩玩猴子、叭狗之类的小动物，浪迹江湖、卖艺糊口。所以吴桥人喜爱杂技也与他们过去的生活环境息息相关。

吴桥人练杂技的多，会杂技的也多。传说，唐代书生纪晓堂两次进京赶考，因没有贿赂上级，虽中了进士，但却被除名，一气之下，只身一人云游四海。这天，来到终南山下，正遇杂技之祖吕洞宾，便拜师学艺，学会了 360 套戏法把戏。出师后，浪迹至吴桥，安居在一座道观里，收徒传艺。从此，师传徒、父传子，人人学、家家练，世代相传，越来越多。吴桥十个乡镇都有杂技艺人，杂技艺人较集中的就有沟店铺、于集、铁城等几个乡镇。据说范屯村有 300 多户人家，就有 20 多人在异国他乡耍杂技，50 多人在国内省市级杂技团里担任主演和教师，村里还有杂技艺人和会杂技的农民、学生 400 多人。像这样的村在吴桥不下 50 个。

二、历史渊源

据《吴桥县志》记载，明代阁老范景文（吴桥县籍）曾在《游南园记》中记叙了当时在祭台（吴桥旧县城南门外）观看马戏的盛况：至则数健儿在焉，见所乘马，翘腾不胜，气作命取，驰骤道上。于是，人马相得，据鞍生风，蹄蹴电飞，着眼俱失。急于雾中细辨之，见马上起舞，或翻或卧，或折或踞，或坐或骑，或抢或脱，或跃而立，或顿而侧，时手撒辔，时脚蹑靴，时身离蹬，以为势脱将坠矣，而盘旋益熟，观者无不咋舌，而神色自差矣。可见，吴桥民间杂技艺术历史悠久，源远流长，当之无愧！

1958 年农田建设时，在吴桥县小马厂村发现一座南北朝东魏时期（534～550 年）古墓。古墓壁画对杂技艺术做了艺术生动形象的描绘。其中倒立、肚顶、马术、蝎子爬等杂技表演更为逼真。

三、演出场所

据记载，吴桥人练杂技有古老的传统风俗。吴桥是庙会盛地，过去吴桥境内庙宇林立，庵寺错落，庙会繁多。至今以庙宇命名的村就有张仙庙、霸天庙、双庙王等不下十个；以寺命名的村有大悟寺、张朝寺、石佛寺等，也有十多个；以庵命名的村有董家庵、牟家庵、大小马家庵等，不下十个。

杂技为庙会招徕香客，庙会又为杂技提供表演的场所，两者唇齿相依，久而久之，便成了吴桥传统风格。据《吴桥县志》载，吴桥有逢年过节掌灯三日，放烟火，演杂戏，士女喧阗，官不禁夜的传统风俗和冬春两间、红白喜事、喜庆丰收时，百姓们涌上街头，或身着七色彩衣，或头戴猛兽面具，竞技献艺、通宵达旦的风俗。

庙会上，除了做法事之外，一般要举行娱乐性的表演。其中以扮演奇禽怪兽的马戏最盛，并出现了狮子舞。传说狮子是避邪的神兽，佛教把它当作护法神看待，百姓也把它作为吉祥的象征。在行香走会中，相貌威严的狮子走在前面，马上技艺紧随其后。

每年秋收之后，八月十五至九月十五在黄镇（现属山东宁津县）有一个月的庙会。庙会期间，杂技、魔术的道具刀、叉、丹环等摆摊出售；狗、猴、蛇、熊任人选购。此时，喜爱杂技、魔术、木偶的各路艺人纷纷赶来切磋技艺、拜师访友，别有一番风趣。会后，各班各棚各自散去，近则天津、北京；远则闯关东、下江南，单凭一把飞叉或牵着一只叭狗、猴子便远走他乡，漂洋过海，浪迹异国他乡，撂地卖艺，得以谋生，这一古老风俗一直沿袭到20世纪50年代末。

四、民俗特色

在吴桥，杂技艺术俗称耍玩意儿。民谣说：上至九十九，下至才会走，吴桥耍玩意儿，人人有一手。吴桥人对杂技有着一种特殊的喜爱，不管是在街头巷尾，还是田间麦场，甚至在饭桌前和土炕上，翻跟斗、叠罗汉、打拳摔跤或变几套戏法魔术就信手拈来。有的孩子去商店、粮站打油买醋把装满油和醋的瓶子置在小拇指上托着走，可做到点滴不洒。下雨天一群群小学生将雨伞顶在鼻子尖上冒雨行走。洞房花烛夜更是妙不可言，吃糕点、喝喜酒，立等可取，新娘子空手一伸就能做到颗颗喜糖满屋飞，新郎官空中击掌支支香烟飞进手。

五、历史沿革

中华人民共和国成立初期，吴桥已发展有60个大型杂技马戏团体，三五个人结伴搭伙的杂技组有472个，傀儡戏90台，演员2500多人，还有在异国他乡从事杂技事业的老艺人400多人。

20世纪50年代，周总理出访西欧14国时，所到之处，华侨中无不有吴桥杂技艺人，周总理欣喜赞道：吴桥真不愧是杂技之乡！杂技之乡因而得名。

1984年11月5日，中共中央总书记胡耀邦同志视察吴桥时，对吴桥杂技艺术给予了高度评价，激起了吴桥人民对传播杂技文化、发展吴桥经济的极大热情，杂技从此迈入一个高速发展的繁荣阶段。

1985年吴桥创建了国内第一所省属杂技中专学校。自建校以来，已向山东、山西、江西、新疆等省区杂技团体输送高、精、尖杂技新秀26人，在国内、国际重大比赛和表演中 19 次获奖。由于办学成绩突出，1990 年被吸收为世界马戏学校联合会成员；1991 年、1992 年被国家文化部、人事部评为全国文化工作先进集体和全国少年儿童文化工作先进集体。

1987 年，文化部、河北省政府在省会石家庄举办了以吴桥命名的第一届中国吴桥国际杂技艺术节，至今已成功地举办了十五届，使河北省成为继巴黎、摩纳哥之后的世界第三大国际杂技赛场。

杂技事业发展得越来越好，吴桥杂技艺术在世界上的影响越来越大，但这种影响在很大程度上只是限于艺术的发展和交流。1991 年吴桥人民在邓小平同志以经济建设为中心、建设有中国特色的社会主义理论的正确指引下，提出了开发杂技文化资源，发展旅游业，建立吴桥杂技大世界，实现杂技搭台，经济唱戏的目的的发展计划。设计方案为总体规划面积 3000 亩，投资 1 亿元，由杂技旅游区、商品集散区、人才培养开发区三个部分组成，集旅游、博物、艺术交流与比赛、人才培养、商品集散、对外开放六大功能于一体。杂技大世界一期建设工程于 1992 年 4 月 28 日奠基，1993 年 11 月竣工并对外开放。完成了十余个景点的建设任务。南部是江湖文化城、吕祖庙、孙公祠、泰山行宫等仿古建筑群；北部杂技奇观宫、魔术迷幻宫、杂技宾馆餐厅等现代建筑群环抱气魄宏伟的中心广场，南北之间由 16 根巍然屹立的大理石杂技历史图腾柱联结，俯瞰全貌是一辆杂技独轮车的造型，不仅反映了吴桥杂技的发展历史，而且超凡脱俗、气势恢宏。

六、非物质文化遗产保护

国家非常重视非物质文化遗产的保护，2006 年 5 月 20 日，吴桥杂技经国务院批准列入第一批国家级非物质文化遗产名录。2007 年 6 月 5 日，经国家文化部确定，河北省吴桥县的王保合为该文化遗产项目代表性传承人，并被列入第一批国家级非物质文化遗产项目 226 名代表性传承人名单。

第三节　武强年画

武强年画是河北省武强县传统民间工艺品之一，因其产地在河北武强而得名，具有浓郁的乡土气息和地方特色，是中国民间特有的一种绘画体裁。武强年画是在原始的耕作方式、佛教思想、传统观念和古老的民族习惯影响下发展起来的民间乡土艺术，是民间年画中的佼佼者。其构图丰满、线条粗犷、色彩鲜亮、装饰独特、节俗特色厚重。武强年画除大量民间素材外，更着重反映重大时代变迁，以表现出人们对国事的关心，对人生的美好期盼。

武强年画经过历代艺人的苦心经营创作，形成了自己的独特风格和流派，与天津杨柳青年画、山东潍坊年画、江苏桃花坞年画、四川绵竹年画、河南朱仙镇年画相媲美，曾被人们誉为河北艺术的象征，其因深厚的民间民俗、独特的民族艺术风格而享誉国内，名扬海外。

一、历史发展

武强年画的产生，可以追溯到元代以前，定为宋元时期是较为可信的，年画之称始于清道光二十九年。

明代初年，武强年画已经有了较高的造型设计能力和镌刻水平，已近成熟阶段。清康熙、嘉庆年间，各业繁荣，社会安定，为年画提供了很好的发展环境。这时，武强年画的生产以县城南关为中心，很多农民以年画为副业，辐射周围68个村庄，大多数农民农忙时务农，农闲时印画。武强县城南关形成全国最大的年画集散中心，著名的画店有天玉和、万兴恒、宁泰、泰兴四大家，之后相继出现了祥顺、德隆、东大兴、义盛昌、新义成、吉庆斋、同兴、大福兴等八大家。各村小作坊多如牛毛。这些大的画店长期雇工五六十人，几十台刷画案子，最大的宁泰长年雇工300多人，在武强的南关有画案100多台。还在西安、内蒙古等地设有外加工点。他们一般都是长年生产，皆为前店后坊的经营模式。

清朝后期，最为兴盛的是双兴顺、正兴和、乾兴、福兴德、德义祥、德祥，与从前老八家中的同兴、新义成加在一起，被称为新八家。仍以南关为中心，设有画业公议会。

19世纪末到20世纪初，中国社会发生变化，人民的观念也跟着时代变迁而发生改变。这一时期，天津出现了石印版画，上海出现了胶印月份牌年画，给木版年画带来了激烈的冲击。到20世纪30年代，石印年画和月份牌年画遍及各大城镇。各地年画产地的木版年画都相继败落。不过武强年画仍然坚持着一定规模和发展势头。

直到“七七”事变以前，武强年画生产仍保持着一定规模，武强南关开业的大小画店还有77家之多。

抗日战争、解放战争期间，延安鲁艺和华北联大的专业画家来到冀中，与武强年画艺人结合，使武强年画史上又有了一新的创举。

中华人民共和国成立以后，武强年画的发展得到党和国家的重视。

1951年，老画师贾灵奎和张春峰作为武强年画界的特邀代表参加了河北省文艺工作者代表大会，省文联胡苏主席在大会上的总结报告中，对武强年画这一具有地方特色的民间艺术在党的文艺方针指导下，经过改革创新所发挥的作用给予了充分肯定。

1954年，全县有9个乡的17个村庄恢复了画业生产，35家注册的画店共出版年画109种，其中新题材作品16种。

1956年，在社会主义改造期间，武强县手工业联合社把已经组织起来的红星画社、九星画社、光明画组等单位和个体画户联合起来，成立了远大画业合作社。1958年改为武强县画业合作工厂，后简称武强画厂。

1961年8月，为了加强河北美术出版物的地方特色，弘扬优良传统，重振历史雄风，中共河北省委做出振兴武强年画，发展河北美术的指示。

9月，为贯彻振兴武强年画，发展河北美术的指示精神，了解它的历史和形态，河北省文化局新闻出版处及河北人民美术出版社组成调查组，深入武强民间年画艺术之乡，进行调查；并和地、县领导及职能部门进行了全面具体的分析，探讨恢复和发展武强年画的有效途径和措施。

1962年1月，经省领导批准，组成了以河北人民艺术出版社为主的武强年画工作室，后定名为河北武强画店，也设在武强南关与武强画厂联合办公。

1963年3月25日至31日，为振兴武强年画，发展河北美术，在当时的河北省会天津、河北省艺术师范学院举办了武强木版年画首次展览，展出作品239件，其中新作33件。武强画店向全国重点木版年画产地和美术院校及研究单位提交相关资料，大家一起进行学术交流和沟通，为研究和发展武强年画注入新的活力。

1963年8月，武强遭受特大洪水灾害，武强年画在生产救灾过程中发挥了重要作用。

1964年，社会主义教育运动开始，武强年画受到极大的冲击。

1966年“文化大革命”开始，武强画厂首先受到冲击，年画生产受到历史上最大的打击，几万方木版被毁。年画业再次陷入极端逆境。

党的十一届三中全会后，武强年画开始恢复生机。

武强年画产品，1979年被评为河北省名牌优质产品；两次荣获河北省百花奖；胶印年画获部优产品，丝网印武强年画荣获全国金网铜牌（三等）奖；木版年画《大戳锤门神》获国家金奖。

1980年武强县成立了年画学会，经文化部批准成立了全国唯一县级出版单位武强年画社（1995年更名为河北武强画社），到2002年共出版发行武强年画780种，发行6000万张册。

1985年，武强建立了全国第一家年画专题博物馆，后来成为国家级重点博物馆、河北省爱国主义教育基地、省国防教育基地、省级重点博物馆、国家AA级旅游景点，南京大学等十几所大专院校的教学研究基地。

1993年12月，文化部正式命名武强为全国的民间木版年画之乡。

1992年和1994年举办了两届中国武强年画艺术节。

2002年，武强年画博物馆完成二期工程；进行了第二次改建，并扩建了展厅和其他配套设施。

2002年10月16日，举办了中国武强第三届年画艺术节暨中国工艺美术学会第17届年会。

2003年配合中国民协、河北省民协成功地进行了武强旧城村秘藏古版的挖掘抢救工作。

2003年被文化部评为中国民族民间文化保护工程首批十大试点之一，七个专业试点第一名。

2005年武强年画被列入国家非物质文化遗产保护名录。

2006年1月22日国家邮政局为武强年画发行四枚特种邮票，成为国家名片。

二、制作工艺

武强年画一般由绘、刻、印三道工序完成。古代的武强年画是纯手工描绘的。随着市场的需求和雕版印刷术的发展，逐渐形成了木版套色年画，整个流程由集体完成，画师设计样稿、刻版师镌刻画版、印刷师印刷，三道工序缺一不可。创作设计要求符合构图饱满、造型夸张、主题突出、用线简练、着色单纯精练、对比强烈的风格及特点；刻版要求陡刀立线，体现刀味木趣。

制作工艺分两部分，第一部分是墨线版：第一道工序是把备好的杜木板和画稿做好标记，然后用糨糊粘牢粘实，待干后，起样子、涂香油，上样子完成。第二道工序，用主刻刀镌刻，刀法有发刀、挑刀、补刀、过刀、掖刀。第三道工序，剔空、平空、拨空，完成线版刻制。第二部分，套色版：画师设计的分色（择套）样稿分别粘在备好的杜木板上，操作和墨线第一道工序相同；第二道工序是行空，围绕色块轮廓保持一定深度和距离，切断图案与空处的连接；第三道工序是剔空、平空，把所需色块之外的空处剔除，再把行空挤压的现象喷水使其复原，晾干；第四道工序：用主刻刀刻除色块或图案边缘的空白处；第五道工序：平空、拨空，套色版完成。然后打样试版，做最后修整，再交付印刷。印刷首先按照画版的大小把纸裁切好，固定在印刷案子（工作台）上，传统制作是先印墨线，然后印套色，由浅色到深色，要求套色准确，不秃、不污、四角齐全，颜色鲜艳。

武强年画在刻版技法上多种多样，有的精雕细刻，表现入微，有的粗细相兼，适得其妙。运用黑白对比的表现方法，充分发挥刀味木趣的特点，但始终保持版画的风格。

年画艺人在多年的施色套印中，总结出了丰富的用色经验，或以不同颜色的块面大小，或以深浅浓淡，或以近似排列，达到对比鲜明而统一的效果。要求平面色块增加层次感和立体感，用色少而变化多。为了使色彩饱满丰富，用同一种或两种以上颜色复印重点部位。图案花纹有明有暗，每件作品都有一个主调，形成单纯明快、强烈响亮的旋律，给人以闪耀跳动的感觉。

随着时代发展，武强年画除保持传统的木版印刷和丝绸印刷外，还采用新技术进行木版年画胶印。

武强年画在刻版上以干净利落的手法见长，阳刻为主，兼施阴刻。线条粗犷奔放、挺拔劲健，呈现一种古朴稚拙之美。

刻版所用的木材是本地生长的杜木和梨木，木质较硬、纹理细腻，便于雕刻，耐磨损且印刷粘水不易变形。最基础的是墨线版，用来印制画面轮廓线。彩色套版一般有红、黄、蓝三色，有的还有粉红和灰色，这样，制作一幅完整的武强年画一般需要 4~6 块画版。

武强年画使用熟宣纸，颜色用的是国画色或广告色。早期印刷所用的是当地芦苇和麦秸制成的草纸，传统上使用植物颜料。

为方便人们收藏和观赏，武强年画艺人把年画作品装裱成画轴、画片、画镜等形式，从而更加接近现代人的生活和审美。随着社会的发展，现代武强木版年画的装裱与包装工艺逐渐走向高档化。

三、艺术风格

武强年画因为大多出自民间艺人之手，背景简单、不拘小节、主题突出，选材大都与生活和民间习俗息息相关，所以富有民间生活情趣和艺术色彩。劳动人民的思想感情和愿望都能通过武强年画反映出来，题材丰富多彩，可以满足不同地区人们的不同欣赏习惯和要求，它在民间有着极大的影响和厚实的群众根基。

武强年画具有独特的艺术风格，主要用木版套色水印，工艺制作和刻印方法比较特殊；构图匀称饱满，装饰性很强，线条粗犷简单，挺拔疏落，遒劲健美，质朴稚拙；色彩强烈，浓烈而不凝滞，单纯而有变化，常以大红大绿等明快舒畅的色调形成一种喜气洋洋的热烈气氛，来装点节日；还有一种清秀、淡雅的山水墨画，也颇受欢迎。

武强年画的造型突出重点，刻画人物为五短身材，着重表现头部和眼睛，着笔不多而仪表生动。鱼钩鼻子单框眼，淡施脂粉懒画眉，但是内在的情感表现得很充分。

武强年画色调鲜明，对比强烈，除墨线外，一般有 3~7 种套色，色彩丰富，调子明快。造型夸张、简练概括，人物塑造突破解剖比例，突出头部和眼睛。动物塑造也是如此，大力度地渲染出动物勇猛伟岸又驯顺可亲的性格特征。武强年画构图饱满，整个画面几无空闲，体现出一种丰满富足的感觉。武强年画常以世俗认同的吉祥物为代表，以谐音、喻义、象征等艺术手法装饰作品，表现人民大众祈福求祥的美好愿望。如连（莲花）年有余（鱼）、喜（喜鹊）上眉（梅花）

梢、平（花瓶）安（鞍）富贵、封（蜜蜂）侯（猴子）挂印等。

四、风格特点

武强年画的风格特点有：

（1）样式多元化。能适应各地人们不同的风俗习惯、房间布局，武强年画分门别类量体裁衣，有门画、中堂、对联、条屏、贡笺、窗画、灶画、月光、炕围、桌围、云子、开条、斗方、灯方、扇面、绣样儿、张哒、册页、西洋镜、博戏图等共计30余种形式，张贴或应用于不同部位都是有讲究的，可以满足广大人民美化生活环境、寄托民俗愿望的多种需求。

除了常见的轴画、托片、册页等形式，还开发了门票、明信片、首日封、书籍、画册、珠光板、景泰蓝、挂历、水晶内画、陶瓷、木版等工艺，有的结合中国结等其他饰品，精美独特，成为年节馈赠亲友及国外友人的精美礼品。

（2）取材广泛。武强年画题材丰富多彩。从天到地，从古至今，从幻想到现实，有神像、戏曲、节俗年画、历史典故、农事耕作、风趣幽默、娱乐百戏、新闻时事、组字画谜、智力游戏、山水、人物、动物花卉等，种类繁多，成为农耕社会民间艺术的百科全书。

（3）构图饱满。构图饱满是适应木版印制工艺的基本要求。因为木版年画全靠手工印刷，画版上若有大片空间，便会塌纸玷污画面，因此，艺人总是尽量把画稿画得圆圆满满，几无空闲，在无法补起的空间上，也是添加一些与主题相关、象征吉祥、发财之类的图案；或者在大片空地上加刻独立的垫版符号。这种丰满的画面有助于造成一种充实感、一种热闹气氛，也表达出人们希望生活圆圆满满的美好愿望。

（4）造型夸张。武强年画在人物造型上都比较夸张。大都是五短身材，夸张的头部，重点表现眼睛，目语心声。讲究武将要威风煞气，文官要舒展大气，美女要窈窕秀气，童子要活泼稚气。不同人物要表现出不同的品格和气质，艺人笔下的动物更是大胆夸张头部的刻绘，有十斤狮子九斤头之说。

（5）线条粗犷。武强年画在绘稿上大多用线简练，线刻大刀阔斧、挺拔疏落、粗犷奔放、高度概括、阴阳兼并、阳刻为主、阴刻为辅，运用黑白对比的手法，发挥刀味木趣的效果，展现出古朴稚拙的艺术风格。也有一些作品阴阳结合、刚柔并济，以粗犷有力的线条区分大的轮廓结构，以委婉顿挫的线条勾勒细部装饰，通篇看去整体既大气磅礴又精制细腻。

（6）色调鲜明。武强年画色彩鲜艳、对比强烈。印刷以红、黄、蓝三原色和黑白为基调，通常神品为红、黄、蓝三套色，戏曲、花卉类则增加一个品红。因黄、蓝重叠可压出绿，黄和粉红重叠可压出橘红，粉红与蓝重叠可压出紫，这样，三套色版可印出红、黄、蓝、绿、紫五种颜色，四套色版可印出红、粉、黄、蓝、绿、桔、紫七种颜色，收到丰富的色彩效果。

(7) 吉祥寓意。武强年画一般选择世俗认同的吉祥物为代表，表现人民大众祈福求祥的美好愿望。常以谐音、喻义、象征等艺术手法装饰画面。如喜鹊、梅花寓意喜上眉梢，莲花、鲤鱼寓意连年有余，牡丹、花瓶寓意平安富贵等。

(8) 图文并茂。许多武强年画作品都配有简明诗词，装饰画面、突出主题、语言朴素、通俗易懂。题词多用四言、五言、七言或十言（三三四排列）句，读来抑扬顿挫，饶有韵味。寓教于乐，在乡土特色中透露出文雅情趣。

五、题材形式

武强年画被誉为农耕社会的艺术代表、民俗生活的大观园。题材广泛，山水、花鸟、人物、动物、花卉、神像、戏曲故事、神话传说、时事新闻、组字花谜等种类繁多，直观地反映出中国北方劳动人民思想愿望、审美观念、风俗信仰、生产和生活。

六、传承状况

武强年画的技艺传承多为师徒传承，家庭传承较少。民国时期及其以前的刻版艺人已无从考证，中华人民共和国成立后，从事画版镌刻的艺人有 20 余位。20 世纪 50 年代末，武强组建了南关画业合作社（后改为武强画厂），当时有陈文柱、王福安、贾世海、李万章、贾元祥等六七个艺人从事刻版。论及武强刻版传承谱系，如果把中华人民共和国成立后的刻版艺人列为第一代传承人，20 世纪 60 年代初，孙惠荣（女）师承王福安，在武强画厂学习刻版，应为第二代传人。马习钦 1975 年 4 月师承孙惠荣学习刻版，为第三代传人。

马习钦从事武强年画艺术几十年，镌刻了各种内容的画版 400 余套，在刻版、印刷技艺方面不断研究探索，提高了木版画的质量，拓展了年画市场，先后培养刻版人员 6 名，印刷人员 4 名，他的作品多次获河北省及国家大奖，被海内外专家学者广为收藏。1978 年、1979 年武强年画连续两年被命名为省级名牌产品，1984 年，被评为河北省工艺美术品百花奖，1989 年全国首届工艺美术佳品及名艺人作品展，创作的木雕财神获鼓励奖，1994 年中国民间艺术一绝大展其镌刻的武强年画《大戳锤门神》荣获金奖，1995 年，万博杯全国艺术之乡艺术精品展示大赛，刻制的门神画版大戳锤、小戳刀、小鞭锏获三等奖。

在武强年画艺术传承和发展的历史上，马习钦与其师傅孙惠荣起到了非常重要的作用，改革开放后，结合现代人的审美理念，复制了大量的优秀传统年画，并不断有新的作品问世。

第四节　唐山评剧

中华人民共和国成立前，滦南县境内的居民生活比较贫困。滦南县地近京城，受京城影响，县境乃文学之邦，士大夫揖让进退，皆彬彬有礼，重然诺，尚气节，文字朴茂……（《滦县志·序》），风气开化，民间文学发达。民歌、民谣、民谚、民间故事繁茂优美，皮影、大鼓书、秧歌等传统艺术形式也多姿多彩。勤劳勇敢的滦南人，依旧时风俗，各村都有唱影、说书、扭秧歌、演大戏的。多姿多彩的文艺活动使人们赏心悦目，养成了对艺术的喜爱。莲花落是穷人行乞时的演唱艺术，说唱吉祥如意的话，或演唱故事，紧追时尚，从民歌、民谣、民间故事、秧歌、皮影、大鼓等艺术形式中吸收了许多营养，经过单口对口莲花落、拆出莲花落、唐山落子等阶段，逐步发展成评剧，深受广大群众的喜欢，是我国文艺百花园中的一朵奇葩。

一、剧种简介

评剧，又称评戏，戏曲剧种。评剧的原名是平腔梆子戏，它的前身是莲花落，俗称唐山落子、蹦蹦戏，关外有奉天落子的称谓。莲花落这种民间说唱艺术历史悠久，流域很广，大江南北、长城内外都有。1910 年左右开始于唐山，1935 年白玉霜等在上海演出时，正式使用评剧名称。2006 年入选首批国家级非物质文化遗产名录。

二、代表人物

成兆才是第一个评剧剧作家，他编纂了一些能够反映现实生活的剧本，1919 年的《杨三姐告状》最为著名，久演不衰，成为评剧的代表剧目之一。1949 年后，评剧进入了新的繁荣发展时期，著名演员有小白玉霜、新凤霞、韩少云、花淑兰、筱俊亭、魏荣元、马泰等。评剧中一般是以唱见长的，除了少数以说白为主的剧目（如《柜中缘》）外，唱腔是表达人物思想感情、刻画人物性格和塑造人物形象的主要方式。评剧除在东北、华北广为流传外，中南、西北、西南的一些城市也有演出团体，它已成为一个有广泛影响的戏曲剧种。

三、经典曲目

评剧在现代戏的创作演出方面的成就是其他剧种所不及的。在不长的历史里积累了众多喜闻乐见的经典剧目：《花为媒》《牧羊圈》《打金枝》《杜十娘》《人面桃花》《玉堂春》《马寡妇开店》等。其中有中华人民共和国成立初期韩少云演出的《小女婿》、新凤霞演出的《刘巧儿》及之后由小白玉霜、新凤霞、魏荣元、喜彩莲、张德福、喜彩春、赵丽蓉、李忆兰、花月仙、马泰、陈少舫等一大批名家组成的中国评剧团（现在的中国评剧院的前身）一起合作的《金沙江畔》《祥林嫂》《夺印》《向阳商店》等；由东北三大旦角流派创始人韩少云、花淑兰、筱俊亭组成的沈阳评剧院也是佳作颇多：《江姐》《黛诺》《杜鹃山》《洪湖赤卫队》等不计其数。同时，评剧名家也没有放弃对传统戏的继承和革新，特别是集中了鲜灵霞、六岁红等一批老艺术家的天津评剧院更看重这方面的工作，其中的代表作就是《包公三勘蝴蝶梦》《占花魁》等。

第五节　井陉拉花

井陉拉花出现并传播于河北省井陉县境内，是一种当地特有的民间艺术形式。中华人民共和国成立后，井陉拉花经过长时间的挖掘、整理、发展，名扬海外。井陉拉花有多种流派传承。

2006 年 5 月 20 日，井陉拉花经国务院批准列入第一批国家级非物质文化遗产名录。

一、名称由来

关于拉花名称的传说有很多。第一种说法：拉花是由一个叫拉花的姑娘根据自己的爱情、生活编成的舞蹈，并以其名字而命名的。庄旺拉花《货郎担》中这种意味就很浓，它的歌曲《货郎谣》与其所表现的内容就很协调。此说法在横涧一带最为流传。

第二种说法：传说，该村有一名叫杨名举的人，明朝万历时在河南任西华县县令，任满路过牡丹胜地洛阳时，将数簇牡丹带回，在本村老君庙内以花王敬神。从此一到花开季节，总吸引许多男男女女前往观赏。为纪念牡丹在井陉扎根这件喜事，一些民间艺人将其编为舞蹈。因当时交通不方便，在近千里的路途中，牡丹花的迁移只能用人力拉运，故取名为拉花。就这样出现了演员身背花、头插花、脸画花、肩挑花的无处不花的装扮，舞步姿态前倾、落步、撇脚，像在拉东西一样。至今艺人仍持有牡丹花，就有了拉花的说法。

第三种说法：十年九旱的井陉以及连年的战乱，迫使百姓们携儿带女背井离乡逃荒在外，他们在大街上边走边唱、述说苦情、乞求施舍，久而久之形成了一种有定性的乞讨形式——拉荒。时下，仍可以在一些老艺人口中收集到一些拉荒中的传说趣闻。因花与荒为地方谐音，故称拉花。

二、历史发展

石家庄市井陉县位于河北省西部与山西省交界的太行山深处。历代井陉人民喜爱文化艺术，因而各种各样的艺术得以繁衍传承。拉花艺术是诸多民间艺术中的佼佼者，也是井陉人民最喜爱的民间舞蹈，素有井陉拉花遍地扭的俗语。

井陉拉花起源于民间节日、庙会、庆典、拜神时的民间街头花会，历史悠久。早在唐代元和八年成书的《元和郡县志》中就有记载。拉花产生并形成于何时何地，史无记载，无文字可考，众说纷纭，或曰宋金，或曰元明清，或土生土长，或外地传入等，都没有确凿的证据，只能说是一种传说罢了。早在先秦，一条长约百里的驿道贯穿了井陉的西东，沟通了燕晋，成为天下九塞之六塞。这种特有的通衢要塞成为历代民间游动文化的生存地带。特别是明朱元璋推行移民屯田政策，从人口密集战争少的山西晋南、晋中、晋东南于 1373 年和 1388 年的两次大规模移民，使井陉增添了 100 多个晋籍村庄和数十个晋籍姓氏。自然，一些外地民间艺术形式也随之而来，并在井陉生根发芽。在庄旺拉花《货郎担》由来的传说中，明显地指出传人李氏就是这一时期的移民。又如《中国舞蹈史》中提道：明人姚旅在山西洪洞县曾见到多种民间舞蹈。如手持小凉伞的《凉伞舞》，手持檀板、边拍边舞的《花板舞》等。这些民间的舞蹈活动现已看不见了，但伞和板却是拉花中不可缺少的道具。又如清人吴锡麟所述的姿态货郎就是货郎担中的主要角色。

井陉拉花广泛流传于井陉全境各乡村，自古以来就以深沉、朴实的风韵，刚健、苍凉的艺术特色，富有表现力的艺术舞姿深受百姓的喜爱。经过历史的传承和发展，如今的井陉拉花享誉全国，名扬海外。1957 年，井陉拉花首次进京，在中南海受到了朱德、周恩来、董必武等老一辈党和国家领导人的亲切接见。2010 年参与上海世博会演出，2011 年参与了西安世界园博会等一系列的活动。之后井陉拉花走出国门，先后代表河北精品艺术参加在日本鸟取县举行的国际文化交流活动和美国旧金山华人艺术节，向世界人民展示和传播中华传统民俗文化的艺术风采。

三、主要代表

拉花的主要代表是南正拉花的《六合同春》，六合之外，圣人存而不论（《庄子·齐物论》）。成玄英疏：六合，天地四方。可见，六合四方就是天地四方同迎春回。类似这种的民间艺术，在别的地方也有所见，如清人李斗在他的《扬州画舫录》中载：立春前一日，太守迎春于城东蕃㕭观，令官妓扮社火，角色有六，春梦婆一、春姐二、春官一、皂隶二。不管是从角色上还是内容的表现上，与《六合同春》有着很大的相似之处。

各种迹象说明，拉花的传承和发展，是游动文化和大山文化相互融合的结晶。在融合的过程中，不仅继承了其他舞蹈的特点，还根据井陉特有的地域特征、风俗特征发展形成了独有的舞风，这一点毋庸置疑。

四、特色

（一）风格特色

传统井陉拉花表现内容主要有《六合同春》《卖绒线》《盼五更》《下关东》等。其表演人数多少不等，原为4~11人，现在，少则2人，多则不限，可百人、千人。

井陉拉花的音乐既有河北吹歌的韵味，又有民歌、民间曲牌和戏曲曲牌的音调，还有浓厚的寺庙音乐和宫廷音乐的色彩。它典雅古朴、清爽动听、美妙深沉、稳重刚健，风格特征为刚而不野、柔而不糜、华而不浮、悲而不泣，突出节奏鲜明的特点。与拉花舞蹈的沉稳、含蓄、刚健、豪迈风格交相辉映，乐舞融合，浑然一体。

现在的井陉拉花既保持了传统风格，又有鲜明的时代气息。阵容庞大时，气势磅礴；队伍精炼时，特点明显。舞蹈语言丰富多彩，音乐旋律激动人心，更有丰富完美的情感和精彩动人的艺术张力。

（二）艺术特色

传统井陉拉花根据其显著的艺术特色，以拧肩、翻腕、扭臂、吸腿、撇脚等动作为主要舞蹈旋律，以花瓶、花伞、彩扇、霸王鞭、太平板等为主要表演道具，加之作为独立乐种的拉花音乐伴奏，形成了刚柔并济、粗犷含蓄的艺术特色，可谓风格独特、美不胜收。它舞姿优美、屈伸有度、抑扬迅变，善于表现悲壮、凄婉、眷恋、欢悦等情绪，表演人数不一样。拉花道具含义丰富，各有象征意义，如伞象征风调雨顺，包袱象征丰衣足食，太平板象征四季平安，霸王鞭象征文治武功，花瓶象征平安美满等。

五、拉花音乐

井陉拉花的音乐为独立乐种，既有河北吹歌的韵味，又有寺庙音乐、宫廷音乐的旋律，刚而不野、柔而不靡、华而不浮、悲而不泣，与拉花舞蹈的深沉、含蓄、刚健、豪迈风格交相辉映，乐舞融合、浑然一体。传统拉花音乐多为宫、徵调式，其次还有商、羽调式，节奏偏慢，大多为4/4拍，特色伴奏乐器有掌锣等。

拉花过去并没有属于自己的音乐，只是以一些简单的打击乐伴奏，现在的吴家堜拉花就还保留着这一特点。至于这些乐曲的来源，艺人中有两种传说：一种说是南正村人武金，官至主持礼仪的太常寺卿，告老还乡带回了宫廷音乐，如南正已故老人张淮等介绍拉花曲牌中的《万年欢》《爬山虎》等，据老辈人讲在元朝就流行了。《中国古代舞蹈史》中提到元朝宫廷宴乐起奏中就有《万年欢》，可见武金将宫廷音乐流传于民间也是可能的。另一种说法是由寺庙僧道所传。过去僧道擅长吹奏乐器，乐手与他们切磋技艺，或让他们收徒传艺。井陉南石门的拉花乐队便是罗钵寺的僧人培养的。《小儿番》这首曲牌便是寺庙做醮常用的曲子。

水平高的拉花乐队还作为特定寺庙的朝拜神乐使用，而拉花的内容或欢或悲、或愁或喜，均采用一成不变的音乐。有些村的拉花就是先从一个地方学音乐，再从另一个地方学舞蹈，最后合在一起。所以，拉花的音乐和舞蹈也可以分开。这一点恰与《正定府志》中所述相吻合：古者，舞不与歌奏同时……今文庙之舞与歌奏合一。故乐一奏，而声容兼备焉。可见，作为参加民间祭祀活动的拉花音乐也很可能是舞与歌合在一起后形成的特定音乐。

六、表演形式

拉花可以不受场地限制，既可在街头、场院演出，也可登台献技，且是时间可长可短的群舞。演出方式可分为两种，一种是行进中的演出，称为过街，但这种表演因受行进的局限，仅能用一根鞭、二龙并进等简单的队形，无法追求舞蹈的完整性，不过也有因地制宜的特点，这种舞蹈一般在参加拉会和踩街时采用。另一种为场地演出，其队形多变，能充分发挥演员的表演技能，而且演出完整。参加演出的演员一般为 6 的倍数，如今大规模的拉花队伍如 18 人拉花、36 人拉花、60 人拉花和 102 人拉花等都是继承了拉花的这一特点。

七、道具妆饰

拉花的传统化妆、道具、服饰所展现的特点是最具有地方性和民族性的，因为这些都与当地的民俗事项有着密切的关系。

梅开五福、竹报三多（传统对联）。旧时拉花男性角色的脸颊画有梅花，以寓五福，即寿、福、康、宁、攸好德、考终命（《尚书·洪范》），也有的画菊（吉）花这样的吉祥之花的。他们的额心到鼻头之间画蝎、蛇、蜈蚣、壁虎、蟾蜍等五毒图案，希望能够以禳虫毒（吕种玉《言鲭·谷雨五毒》）。女角中的丑婆脸上以右眼眉旁经鼻梁向左斜至颧骨画一白色的斜线或点，以达到煞邪（斜）之目的。

拉花的道具多是民间舞蹈中常用的道具，如彩绢、彩扇、伞、鞭、太平板等。各种拉花均在此基础上按照自身的需要而增设。如庄旺拉花《货郎担》，表现的是货郎卖绒线的故事，就根据自己角色的需要加入货郎鼓、货郎架。又如南平望拉花《送美人》，展现的是护送美女入宫的故事，就加入化妆匣可以供美女梳洗打扮。大多数的拉花中有着一种在其他民间舞蹈中不多见的道具——花瓶。据《正定府志》载：花瓶为祭奠活动中必不可少的祭器，为拉花增添了几分美感，还以求平安，现在仍可以在民俗活动中见到，它作为道具出现的原因尚无依据。笔杆胡（也称滚胡）可谓独具匠心，不拿在手中而是戴在男角的嘴唇上，它通过上唇的撅起，带动笔杆滚动，从而夸张地展现出吹胡子瞪眼的滑稽相。在跷子拉花的傻小子手中，手持红萝卜或莲花蕾之类的道具，这些道具的应用很明显为古代生殖崇拜的遗俗。

1934 年成书的《井陉县志料》中印的拉花照片，属跷子拉花。其服饰以戏装和清代平民服饰相杂，而井陉人非常喜爱戏剧，早在明末清初就已成风，那时的井陉村庄几乎每一个村都建有自己的戏楼，装扮效仿戏剧中的人物，《井陉县志料》也有解释：购置戏衣，岁时效伶人歌舞。后者，可能是买不起像样的戏衣，艺人只能穿日常生活服饰的结果。

地拉花的服饰相差无几，大多沿用清代服饰，男的头戴瓜壳帽，上身穿偏襟长衫，前后下摆用针线撩起，罩坎肩，下身穿灯笼裤，腿扎绑带，腕扎扣袖，脚登云鞋，腰系彩绸，腰间且掖着两个绣工精美的钱袋。女角中的丑婆，大包头，扎绸子结花垂于右耳旁，上身穿偏襟大衫，腰系罗裙，腰扎彩绸，右肩斜背一包袱。其他女角，梳一根长辫垂于脑后，头上插花，身穿不过膝的偏襟长衫，罩镶边坎肩，下穿彩裤着彩鞋，腰扎彩绸，各角色均按所扮演老、中、青、少的年龄特征，在色彩上有些变化，即青少要色彩鲜艳些，老中色彩需浅淡些。

八、乐器乐曲

拉花的乐器有大管、小管、膜笛、笙、龙头二胡、三弦、四股弦、敲琴、云锣、小镗子、小镲、扁鼓，乐队双管制达 20 人，现在多为单件乐器，仅 9 人组成乐队。

拉花的乐曲由曲牌和民歌组成。曲牌约有十几首，如《万年欢》《春夏秋冬》《爬山虎》《小儿番》《粉红莲》《雁南飞》《摸》《八板》等，《八板》这个曲牌被各村拉花普遍使用，艺人称踩着八板扭拉花。

因为古时候人们遗留的音乐已经不适应舞蹈的表现力，所以一些村庄的拉花在发展中大量地吸取了当地流行的民歌小调，达到十首之多，有的唱与舞的内容结合，如《货郎谣》《盼五更》等。但大部分唱与舞的内容毫不相关，如《摘椒》《边关调》《寡妇难》《梁山好汉》《有个包大人》等，但很大一部分村的拉花至今仍只有单调的三四支乐曲。

拉花的音乐调式多为宫、徵、羽调，多为 2/4 或 4/4 的中速节奏。

拉花的音乐演奏起来古朴典雅，优美动听，轻重缓急的音调，抒发了舞蹈沉稳、刚劲、豪放的情怀，声容兼备，在听觉和视觉上高度统一，给人极大的美的享受。

拉花的音乐既有河北吹歌的韵味，又有寺庙音乐的色彩。与拉花舞蹈的深沉、内涵、刚健、豪迈风格交相辉映，乐舞融合，浑然一体，给观众留下难忘的美感。

管子在拉花音乐中起领奏作用，是拉花音乐的灵魂。那种淳朴、粗犷、浑厚、略带悲怆的音色，如歌如泣地让人回忆起以前井陉人民生活在水深火热中的情景，与舞蹈融为一体。小管的高亢，膜笛的滑音、颤音和花点与大管交相呼应，捧笙以三度、五度和弦将乐曲珠联璧合。云锣以其清脆悦耳的问答式的轮奏、复调旋律与大管配合。小镗子、小镲按花点击拍，明确的分工、紧密的配合，让人毫无齐奏的乏味之感。管、笙、笛、云锣是拉花音乐中缺一不可的主奏乐器，形成了拉花独有的艺术魅力和浓郁的乡土气息。

九、拉花舞蹈

井陉拉花虽属于秧歌类，但却有自身显著的特点，非常善于表现悲壮、眷恋、爱情、行进的情绪。

拉花载歌载舞，借助道具以物抒情，扬起双臂，使扇子、伞、板、鞭等上下翻飞，色彩斑斓、婀娜多姿，同其他民间舞蹈有着很多的共同之处。范成大在《上元纪吴中节物俳谐体三十二韵》中说：民间鼓乐谓之社火，不可悉记，大抵以滑稽取笑。拉花也具有脱离滑稽取笑的特点。如地拉花中的扫罗裙、跷子拉花中傻小子挑逗的动作、男角的吹胡瞪眼都有滑稽取笑的作用，应该与当地人民的审美性情有关。除了以上特点，拉花还有着别具一格的特色，这与当地的自然环境、风土人情、人们的喜好有关。既然来自人们的生活，动作必然是和人们的生活息息相关。拉花的韵律可概括为猛和脆、拧和伸的内在力度弹性的较量。

拉花的动作节奏多为两拍变换一个动作，动作过程像附点音符，像拉弓一样向外扩张，而在弱拍的后半拍干脆利落地收成，为衔接下一动作做准备姿势。动作之前都有起法儿，这就是欲放先收。开始与衔接存在着时间差，强拍动作时要猛，爆发力要强。艺人说扭拉花要蹬板，意思就是指合拍了没有，合上了节奏就对了。拉花在起法时要快速吸气，给人明显的提气感，强拍后为呼气，随着动作的伸展将气慢慢舒出，气息运用带动着动作情绪、动律和韵味，用在恰到好处的时候，不仅体现出风格鲜明，还增强了艺术的魅力。

拉花因为处于翻山越岭、山路崎岖的自然环境里，因而，男性的舞步为起要跋，膝要屈，踩要稳。女性的舞步为进要弓，退要丁，脚外撇。一般爬坡要迈高抬腿，身体前俯，下坡则是双膝处于紧张状态，身体稍仰，屈膝是贯穿于动作的始终，即使是伸膝也是短暂的，每做一个动作主力腿便随着动律起伏伸曲，而当双腿变换动作，就需借助力腿那踩地刹那用力一蹬去完成。尤其女性的舞步，犹如雨天登山、山陡路滑似的。艺人说迈步不过半块砖，后腿多以丁字步，促成了侧腰、进俯退仰的舞姿。

拉花的上肢动作与步伐是紧密相连的。掌握拉花的风格需要细心体会观察肩、臂、手的旋律。上肢动作的肩是关键，肩的一顶、一耸、一拧、一压最能明显突出拉花的风格。肩带动臂而动作，肩是臂肘手的发力点。如在左肩前顶左臂下垂向后抬勾腕，右肩耸起右臂曲肘在胸前勾腕，在强拍里左肩外拧，同时带起臂翻手甩至强拍抬扣；右肩又是下压，连锁反应带着臂和手的翻、拨、伸、收，让人感到内在力的对抗，富有弹性的伸与韧的张力。

十、区域差异

从表演形式上来看，拉花可以分为跷子拉花和地拉花两种。跷子拉花扮演女角者用脚踩跷子进行表演，代表流派是固地拉花，后来，还将跷子演化为一种如同西方芭蕾舞中的立脚尖，以木削的戳跷捆绑于脚，且戳跷穿以鞋袜遮盖，如同古代妇女的三寸金莲。表演时，演员只能一直保持立脚尖的姿势。这种拉花中的女角虽为男扮女装，但受戳跷的影响，使身体前倾、腆胸、塌腰、翘臀，移步娇媚，逼真地表现出了古代妇女的韵味。

要掌握跷子拉花难度大，需要经过长时间的训练才能表演，特别是脚绑戳跷的更难，民间有冬练三冬、春练三春的说法。在井陉流传着一句“固地的拉花——一片功”的歇后语，就是对戳跷难度的形容。明末清初，这一类拉花进入昌盛时期，被官方称为井陉县的四大迎神赛会形式之一。不过随着妇女放足以及大家审美观的变化，这种拉花渐渐衰落。如南平望拉花从跷上解放下来，成为一种不同于跷子拉花的地拉花。

地拉花顾名思义就是地上舞的拉花。近年来由于拉花人数的大幅度增加、演出场地的扩大，很多舞蹈动作和阵形变化都需要跑动，所以地拉花也就被广泛继承。这种拉花和跷子拉花相比没有杂技性，流传的也较为广泛，到今天为止，南正、庄旺、南平望、长岗、庄子头、城关等拉花流派都属于地拉花。

从拉花风格传承的情况可以看出，在传承的过程中，艺术就不知不觉中发展了。所以传承本身就是发展，没有传承何来发展呢。

十一、传承现状

改革开放后，井陉拉花蓬勃发展，多次参加了国家级、省级、市级的大型演出活动，名扬国内外。国家著名舞蹈家贾作夫、赵宛花、资华筠等亲自莅临井陉学习指导，使古老的拉花艺术焕发出勃勃英姿，在全国性舞蹈大赛中频获第一。

由于近年来井陉拉花各流派拉花老艺人相继谢世，大量拉花技艺不能真传实教，使拉花濒临危机。拉花在井陉流传到现在，师承关系主要是以祖传孙、父传子侄的传统保守方式。如庄旺老艺人李树芳（1909～1989 年）11 岁跟当时就已是古稀之年的李梅小学习拉花，他又将技艺传给孙女巧玲、爱玲等。其他拉花传承方式大体与庄旺相同。

第六节　河北剪纸艺术

河北剪纸的技法要求下刀准确，运刀流畅，形成既有强烈对比又和谐统一、鲜艳明丽、不温不火的优美色彩效果，是作品染色与刻纸有机的结合。特别是拉胡须的手法，从一根根细致而匀称的毛发和胡须上能看出其难度有多高。

邯郸、丰宁一带的剪纸仍保持着乡村妇女自剪自娱的创作状态，没有什么模式的束缚。尽管也是求工刻意，但更多了一些自由自在的生机。与河北蔚县和三河艺人的卖艺经营方式有所不同。

一、蔚县剪纸

（一）起源和发展

剪纸是中国民间传统中非常普及的一种工艺，在国内众多地方尤其是北方地区都有剪窗花的习俗。在这众多的剪纸艺术中，河北蔚县剪纸自成一派，是剪纸艺术中的奇葩。

蔚县剪纸源于明代，是一种风格独特、在国内外享有盛誉的传统民间艺术。由于这种剪纸的制作工艺不是剪而是刻，所以在全国众多剪纸中与众不同。

蔚县剪纸历史悠久，以薄薄的宣纸为原料，用小巧锐利的雕刀手工刻制，再点染明快绚丽的色彩而成，构图朴实饱满，造型生动优美逼真，色彩对比强烈，带有浓郁的乡土气息。蔚县剪纸吸收了河北武强木版水印窗花以及河北雕刻刺绣花样等民间传统艺术形式的特色，相比较其他剪纸在工艺上更胜一筹。

蔚县剪纸一开始是用来贴在窗户上作为一种装饰或逢年过节办喜事的喜庆点缀，如今蔚县剪纸已逐渐发展成具有欣赏、收藏价值的民间艺术精品、国家级馈赠礼品。2003 年 8 月全国剪纸专项工作会议在蔚县成功召开，蔚县被命名为中国剪纸艺术之乡、中国剪纸艺术研究基地。

（二）艺术特点

蔚县剪纸又叫窗花，用薄薄的白纸，拿小巧锐利的雕刀刻下来，再点染上鲜艳的颜色，形成空灵、艳丽的艺术品。现在是全国唯一一种以阴刻为主、阳刻为辅的点彩剪纸，点彩剪纸迄今已有200多年的历史，被誉为中华民族一种美丽的象征性符号。

天皮亮可以说是最早的窗花形式，就是在云母薄片上绘图、着色进行装饰。早期当地还盛行供花鞋、荷包、枕头上刺绣用的花样。后来河北武强县的木版水印窗花传入，吸取其色彩特点，仿天皮亮透明效果，以刻代剪，形成蔚县剪纸的独特风格。

蔚县剪纸的种类有戏曲人物、鸟虫鱼兽，还有对农村现实生活的描绘等，但大部分出自世世代代都不知名的农民艺术家之手。这些作品构图饱满、造型生动、色彩璀璨，浑厚中有细腻，纤巧里显淳朴，把它贴在纸窗上，透过户外阳光的照射，显得分外玲珑剔透，五彩缤纷，特别的鲜灵活脱，别有一种欢快、明朗、清新的情趣。

蔚县剪纸题材广泛，意寓深长，生活气息浓郁。加上疏密有致的造型设计、细致入微的精湛刀工、绚丽鲜艳的独特点染，每一件作品都十分生动、有味、耐看。不管是反映人们对吉祥幸福的祈望，还是来自劳动人民喜闻乐见的历史故事、民间传说及人物；不管是北方特有的文化背景和民俗风情的再现，还是用于四时节令、婚寿礼仪等庆典，都体现了民间艺人高超的智慧和丰富的想象力。

（三）代表人物

蔚县剪纸以阴刻和色彩点染为主，故有三分工七分染之说。第一代代表人物是王老赏（1890~1951）。

第二代代表人物周永明（1929~1986），出生在蔚县南张庄村，是蔚县剪纸艺术创始人王老赏唯一的嫡传弟子，生前系中国美术家协会会员、中国民间剪纸学会理事，主要作品有《百种脸谱》《白蛇传》《杨八姐游春》《红楼梦》《三岔口》《游园惊梦》《三战吕布》《闹天宫》《三打白骨精》《花木兰》《八仙》《娃娃戏》《不倒翁》等戏曲和神话人物系列作品。他还创作了《大丰收》《赤脚医生》《中华各民族人物》等现代人物系列作品，《红灯记》《沙家浜》《智取威虎山》《白毛女》《朝阳沟》等现代戏曲人物系列作品。与此同时，在花鸟鱼虫题材方面，周永明也有拓展。他创作的《蝴蝶》系列作品在当时称得上独一无二，还有系列作品《单鸟》《双鸟》《猫》《熊猫》《菊花》等。

第三代剪纸艺术家周淑英，毕业于中央美术学院，是国家级非物质文化遗产蔚县剪纸项目传承人。任河北省第九、第十、第十一届政协委员，联合国教科文组织授予的中国民间工艺美术家称号。其父是周永明。周淑英从小受家庭的艺术熏陶，酷爱剪纸艺术，师从其父，练就了剪纸艺术刻、画、染全套功夫，艺术风格与其父周永明一脉相承，并且开创了6种新技法，是中国河北第三代剪纸艺术正宗传人。剪纸作品《清明上河图》《百蝶图》《生命树》《农家乐》《彩福图》《牡丹》等被中央美院、中国美术馆收藏。

（四）工艺过程

在中国种类繁多的剪纸中，蔚县剪纸别具一格，它是以阴刻为主、阳刻为辅的点色剪纸，其工艺过程可以分为以下六道工序：

（1）画。设计人员根据自己的思路或客户的要求把图案画下来，通称为画样子。

（2）订。将画好的样子订在宣纸上（一般一次 50 张宣纸为宜）并用剪子按着样子的大小分成小块。

（3）浸。把订好的货放进水里等浸透后拿出，再将其所含的水分挤净，放在阳光下晒干即可。

（4）刻。将浸好的货放在蜡版上，根据图案的要求进行刻制。

（5）染。给刻好的产品着色。原料是品色、洒粉；工具是毛笔、净报纸。

（6）包。把通过上述五道工序生产出来的产品，用纸式塑料或书本、镜框、金箔等形式包装。

（五）保护和传承

在几位技艺精湛的艺人们的带动下，今天的蔚县剪纸呈现出了繁荣发展的景象。2006 年 5 月，蔚县剪纸以剪纸项首位的身份入选第一批国家级非物质文化遗产，2009 年 10 月，蔚县剪纸又名列中国剪纸之首入选世界《人类非物质文化遗产代表名录》。

二、丰宁满族剪纸

丰宁满族剪纸从表现形式看，包括单色剪纸（红、白、黑等）、点染剪纸、填色剪纸、复色组合剪纸等品种。从内容上可分为吉祥剪纸、花鸟鱼虫剪纸、山水风光剪纸、人物剪纸、盆篮碟盘瓶剪纸、瓜果剪纸、动物剪纸、花字剪纸等类。

（一）历史起源

丰宁地处河北省北部，在明朝朱棣封燕王后即在无人区范围之内，造成了这一地区的历史断档，人少、村稀的局面。明末，皇太极采取步步为营的策略入主北京时，已经有满族移民涉入。清朝顺康雍乾时期在丰宁境内设立大批皇庄、旗庄、马场，致使大批满族人（包括汉八旗、八蒙八旗）入驻，推行跑马占圈政策，鼓励旗人到北口外垦荒种田，特别是康熙早期首先在丰宁设立了汤河围场（俗称西围，比木兰围场早 13 年），到康熙朝中叶这里已经是村村相望、户户联脊的繁荣景象，满族人把受到中原文化影响的满文化带入这一地区。后又有大批冀、晋、鲁、豫灾民涌入，中原文化与满文化互相影响、融和。丰宁地区（乃至全承德地区）无霜期短，秋、冬、春三季长时间无绿色、无花果，色彩单调、景色荒枯，四季分明，干旱少雨。最初以纸条加固窗纸，以防风的破坏，后以窗花取代，既漂亮又实用，窗花的出现是丰宁的一大习俗。剪纸窗花人为地改变了自己的居住环境，花开四季，有声有色。丰宁剪纸（窗花）到清乾隆朝已经达到家家贴窗花、村村有高手的情况，并已形成了属于自己的风格。

（二）分类

丰宁地区古人崇尚万物之灵，崇萨满教，崇尚祖先，有在祖宗牌位前贴佛签（即挂签）的习俗。同时祭祀活动十分繁多，便利用剪纸的方式（成本低、方便、制作简易）加以丰富活动内容，如春祭：剪纸马、柳型；秋祭：剪粮囤；祭祖时也剪纸。

生活中剪纸无处不在：

（1）节日、节令。春节的窗花、顶棚花、挂签，五月节除五毒的葫芦，八月节团圆花，立春春红剪纸，添仓日的仓神用马，祭灶的神码等。

（2）婚嫁、育婴、丧葬。红白喜花、喜帐花、抓髻娃娃、引魂幡帐、灵棚吊签等。

（3）贺礼礼花。寿衣、盖房起檩、亲人远行、婚、丧、考中、升迁、搬家、打新井等。

（4）衣食住行。衣：服饰（帽、头饰、衣、鞋、靴）的刺绣花样都以剪纸为原稿；食：宴席食物的装饰、食物礼品的包装；住：床帐、床上用品、门帘的走水、飘带、风斗装饰、窗花、棚花、气孔；行：车马佩饰。

（5）驱邪请神。天阴不晴的扫天婆婆、久婚不育的抓髻娃娃、送邪的魔鬼、降福的神形。苗神，保佑苗全苗壮。虫神，保佑不受虫灾。五谷神、财神、喜神、山、石、林、水、星辰、日月、风雨雷电神等。

（三）保护措施

丰宁满族剪纸 2006 年入选第一批国家非物质文化遗产名录。2010 年 10 月，河北省蔚县剪纸、丰宁满族剪纸与陕西剪纸等各省（市、区）列入国家级名录的剪纸项目联合打包，作为中国剪纸的联合申报项目，顺利通过联合国教科文组织保护非物质文化遗产政府间委员会的审批，列入《人类非物质文化遗产代表作名录》。

第七节 衡水内画

衡水内画主要分布在河北衡水市及其周边地区，是一种在鼻烟壶内壁绘画的技艺，是中国独有的民间工艺。其工艺异常精妙，寸幅之地具有千里之势，如同鬼斧神工，被外界认为不可思议。

冀派内画发源于衡水，由此衡水被文化部命名为中国内画艺术之乡，可见衡水内画的艺术多么独一无二。冀派内画的艺术特点是立意深远、造型准确、风格多样、布局巧妙、精皴细染、色彩典雅，不仅有国画色为主的国画类型画种，而且还有国画色和油画色相结合的表现手法，临摹多类型、多画种的各种画面效果。冀派内画选题以人物肖像见长，特别是婴戏图和百子图最能反映冀派内画鼻烟壶的艺术特点。冀派内画的风格可概括为立意深邃、构图严谨、线描技法丰富、设色协调精润、书画并茂、雅俗共赏。

2006 年 5 月 20 日，衡水内画经国务院批准列入第一批国家级非物质文化遗产名录。

一、历史起源

鼻烟是在烟草中融入香草、香料、花露开创成赫黄色粉末，有消寒辟疫的功效，在明朝万历年间由意大利传教士利马窦以贡品传入中国。到了清朝，这种宫廷贡品已传入民间，出现人人见面递烟壶的习惯，人们酷爱鼻烟，而且争相收藏器皿，这种民风促使鼻烟壶的制造越来越精致。1696 年，非常喜好鼻烟的康熙帝创设了中国第一个玻璃工厂，专门制造鼻烟壶，犒赏给王公大臣和外国使节。

乾隆年间，鼻烟壶制造的材料由料器（玻璃）、瓷器发展到象牙、水晶、玛瑙、珊瑚、琥珀、竹根等。八旗子弟炫耀地位、身份的标志之一就是鼻烟壶。咸丰年间《鼻烟歌》中写道“凤凰鸾鹤摆雀凫，麒麟狮象蛟龙鱼。仙山楼阁烟云嘘，泉石卉木蛙蜢俱。”鼻烟壶的选材、制作、装饰精打细琢，它的材质里包含金属、玉、石、陶器、料器、有机物六大类，工艺内容包括了传统的写、画、雕、刻、镂、錾、烧、焊、凿、磨、镶、嵌、铸、错、粘、漆及模压技巧。鼻烟壶成为了清代工艺美术的缩影，被后世称为集中国多种工艺结合而成的袖珍艺术品，家喻户晓。

乾隆晚年，内画鼻烟壶面世。内画使鼻烟壶工艺达到“寸幅之地具千里之势”的艺术效果，使鼻烟壶工艺达到了精妙绝伦的水平，被称为神乎其神、独树一帜的艺术。这种艺术为中国独有，是集中华民族艺术精华的袖珍艺术品。艺术家们凭着精湛的书绘艺术和敏锐的艺术感觉，掌心般大小的烟壶，只有笔杆一样粗细的壶口，以细小的特制勾笔伸入壶内，反向绘画和写字，从外观赏，深感精妙绝伦，不知方寸之内如何能做到，疑是鬼斧神工。1968 年，各国收藏家创办了国际中国鼻烟壶学会。专家们将中国内画艺术分为京、冀、鲁、粤四大派。

京派最早出于乾隆年间，浮现出很多优秀的内画大师，例如：晚清和民国初年善于画人物的马少宣、孙星五、叶仲三父子，擅长山水花鸟的周乐元、丁二仲、自怡子等十几位。刘守本是现代京派的代表人物。京派用竹、柳钩笔作画，画风朴素、笔法遒劲、淡雅绚丽，着色充足圆润。

光绪年间，内画技艺被山东老艺人毕容九带回博山，经过近百年的发展，改善了内画染料，还改革了内画工具，以竹、柳毛笔作画，产生了鲁派。鲁派的内画特色线条细微、画面丰满、秀逸畅达。

粤派内画又被称为桃江内画，是“文化大革命”后期由吴松龄老艺人创立。粤派烟壶秀美潇洒，壶身饰以描金图行，雍容华贵，别出心裁。

衡水内画又称为冀派内画。王习三是冀派内画创始人，是京派老艺人叶仲三之子叶晓峰、叶菶祺的第一位外姓弟子。冀派内画的颜料分为中国画颜料、油画颜料以及丙烯颜料等。20 世纪 50 年代末，王习三娴熟驾驭了叶派内画技法后，把猫引进鼻烟壶，采用工笔撕毛法画出了水灵灵的猫眼儿和毛茸茸的猫毛的质感，画出来的猫活灵活现、惟妙惟肖，解决了国画写意技术画猫形象死板、缺乏真实感的难题。外国专家鲍伯·史帝文斯说他画的猫神情那样灵敏，好像马上就要从壶里跳出来一样。王习三创立了冀派内画的独特工具——金属杆勾毛笔，即习三弯勾笔，笔杆直弯，可以随意变换方向。

1966 年，“文化大革命”中，王习三被遣回了原籍河北省阜城县接受改造，虽身处困境，几度浮沉，但他却凭借着坚强的毅力不断追求艺术进步，在阜城县杨庄村以副业的形式重操勾笔搞起了内画，先后收了四批徒弟，倾囊相授，造就了几十位内画新人，为创立冀派内画打下了坚固的根基，让冀派内画成长为现代最具能力的画派。

冀派内画既有以国画色为主的国画类型画种，也有国画色和油画色结合的表现手法，模拟多类别多画种的各种画面效果，具有布局奇妙、风格多样、立意深远、色彩优雅、造型精确、精雕细刻的艺术特点。国画、书法、油画、版画、装饰画等是体现在画种方面，人物、山水、动物、花鸟鱼虫、肖像、静物、风景等是体现在题材方面。

二、工艺特色

冀派内画的选题以人物肖像见长，最能反映冀派内画鼻烟壶艺术特点的是婴戏图和百子图。到目前为止，在工艺技术、艺术风格、花色品种、市场营销、从艺人员和社会影响方面，冀派内画都暂居领先位置。冀派内画的风格可概括为立意深远、构图细腻、设色相和精润、线描技艺丰厚、精彩纷呈、口碑载道。金属杆钩毛笔、油彩内画、系列烟壶三项是从绘画工具到绘画技法及绘画形式革新。

冀派内画在叶派素朴雅致的基础上融合了鲁派细致通顺的传统画法，把国画的皴、擦、染、点、勾、丝等工艺引进内画，画衣纹用皴法，衣服本色用染法，过渡色用擦法，画猫毛用撕法，将运笔中轻、重、快、慢、提、按、畅涩、转折、方圆等技法灵巧运用，相辅相成，将国画技艺发扬得淋漓尽致。中国内画鼻烟壶寻求意境美，讲究画尽意在，意存笔先，以形写神的风格。在20世纪80年代以前内画一直是国画的天下，风格与西方油画截然不同，特别是在绘制肖像方面。如何让鼻烟壶的内画更具有表现力，成为冀派百尺竿头更进一步的新课题，打破简单水彩作画的约束，冀派在1981年试用油彩做肖像内画，希望能达到油画给人的形象逼真的效果。因为壶壁不吸油，一洇一片，原本的内画笔不适合于油彩的皴染，经过一次次的实验，通过采用固定剂，终于摸索并且驾驭了油彩内画的技艺，使内画的图、形、神达到一种挥洒自如的境地，被称为中西合璧的豪举。

王习三先后画过三套历史题材系列的烟壶，这三套壶分别是：

（1）清代帝后像（清太祖努尔哈赤到末代皇帝溥仪，共12位皇帝，10位皇后）。1978—1979年创作。一色精品玻璃壶是烟壶选取的原料，以中国古代的单线平涂肖像技法，根据五官、肌肉、骨骼和服饰的不同，先精确地线描定位；绘画中勾线和皴擦有轻有重、有深有浅、刚柔并济，藏锋露锋、转锋倒锋、卧笔运用自如。人物形象活灵活现，惟妙惟肖。这套作品被国际中国鼻烟壶学会主席约翰·福特称为永恒的佳作，并且给作品的收藏者写道：荣幸地拥有一位声名显赫的画家所做的一套独一无二的鼻烟壶，你们一定会有一种特别的成就感和自豪感。此作品被《纽约时报》称为里程碑式的大作，独一无二的珍宝。

（2）美国历届总统像。1984年完成，绘有自华盛顿到里根共39位总统肖像。上等天然水晶是这套作品的选料，聘用高级磨工制作成40个水上漂折方式烟壶。水上漂壶，其一，薄如纸、放入水中不下沉，作素壶，剔透华美、统一端庄。其二，以中西合璧油彩画法，精雕细镂，人物色泽协调明快、透视精确、栩栩如生、气韵灵巧，宛若彩色照片。肖像的下面有每位总统的签名与亲笔无二，艺术情调增加。其三，包装装饰上，用纯金来装饰，以黑垫托做壶盖，富丽堂皇，采取分屉红木盒，每个烟壶下配以铜牌作说明，便于珍藏携带。这一套作品珍贵庄严、统一协调，依次陈列，非常有气势。一经展出，就名声大震，被称为美国历史的写照，中国艺术的成果，鬼斧神工的艺术巅峰。

（3）中国十二朝代名君国宝图。含有夏禹王、商汤王、周武王、秦始皇、汉高祖、晋武帝、隋文帝、唐太宗、宋太祖、元世祖、明太祖、清太祖。每个名君的肖像壶背面，都以写实的技艺画出这个朝代经典的艺术珍宝，如夏陶盉、商青铜鼎、周虎簋、秦兵马俑、汉铜马踏飞燕、晋王恂伯远帖、隋石佛像、唐三彩骆驼、宋官窑贯尔瓶、元青花红釉花卉纹盖罐、明景泰蓝龙耳瓶、清金玉鼻烟壶。整套作品可以说是中国4000年历史和文化艺术的写照。区别于前两套的特性是：帝后像采用水墨画法，人物稳重风雅；总统像采用油画法，明暗关系善于变化，色彩明快；而这套作品以中国肖像的勾线平涂法为主，脸部上色汲取西洋画法，突出光泽变幻，使画面柔和精美，人物不光朴素高雅，并且气度不凡，越发传神。整个画面浑然一体、璀璨夺目，艺术愈加成熟。在旧金山第二十届国际烟壶学会年会上展览时，有目共赏，被称为独具匠心之作。

这种带有历史写照特性的大型系列烟壶是中国内画史上的壮举。

三、代表人物

（一）王习三

王习三，中国工艺美术大师，一级美术师，1938年5月24日生于北京，原名王瑞成，原籍河北省阜城县杨庄，在1957年高中毕业后考入北京工艺美术研究所，拜著名内画艺人叶菶祺和叶晓峰为师，成为祖传五代的叶派艺术的第一位外姓传人。

“文化大革命”时期被遣返回原籍，1972年经落实政策在阜城县综合厂恢复工作。1977年调换衡水，创办特种工艺厂。1979年参加全国工艺美术艺人和创作设计人员代表大会，并被轻工部授予工艺美术家的称号。王习三在师承的基础上，不停吸取每派内画艺术之长，兼容并包其他姊妹艺术养分，敢于探索创新，首创油彩内画技法先河，并首创现在被内画界普遍运用的金属杆勾毛笔，海外视其为当代最优秀的内画艺术大师。

他是冀派内画烟壶艺术的创始人，自1968年以来连续培育出很多内画新人。我国香港的《工艺与美术》杂志在20世纪60年代提到王习三的内画艺术，称其技艺精细、题材广泛，高出各家高手一筹。他的画作题材广泛、构想高雅、绘声绘色、图文并茂，自成一种有口皆碑、朴素敏捷的作风。

王习三现担任习三内画艺术院院长，中国文联委员，衡水市文联名誉主席等职位。

王习三在1983年被国际烟壶学会授予荣誉会员，他是该会第一位中国籍荣誉会员。1985年他完成的“美国历届总统肖像系列烟壶”赢得中国工艺美术品百花奖中的金杯珍品奖，在1986年被国家授予“有杰出奉献的中青年专家”称号，在1989年又荣膺了“全国先进工作者”称号。他还发起了中国鼻烟壶研究会，在担任一至四届主席期间，他推进了工艺美术事业发展，发扬了中华民族艺术，增加了国际学术交流，做出了非凡的成绩。

（二）王百川

王百川，本名王自力，河北省阜城县人。1949 年生，自 1968 年开始跟王习三大师学习内画，是冀派内画第一传人。几十年的艺术生涯，在继承传统的基础上，积极探索，力求出新，使他的作品有非常浓重的个人风格。笔法精炼，简约详尽，清新明畅，庄重而淡雅，书法素净秀劲，作品材料广泛而无不精到，充分体现出个性化风格。

他早些年曾到美国、加拿大以及中国香港地区等地献技，其作品早就被日、美、欧、东南亚各地烟壶爱好者收藏，并多次获奖；1982 年，《天下第一关》荣膺世界旅游大会优秀奖；大作《群艳图》曾获得国际烟壶年会优秀奖；《百子图》曾被授予全国工艺美术品一等奖。现为衡水市冀派内画协会副主席，衡水市习三内画艺术院副院长。

（三）陈润璞

陈润璞，1946 年生于河北省阜城县，号润三，悟佛，墨香斋主，国家一级民间工艺美术家，中国工艺美术学会鼻烟壶专业委员会会员，省级内画大师，河北省美术家协会会员，衡水市冀派内画协会副主席，衡水市第三届政协委员。

1968 年拜师王习三先生，他是大师第一代最骄傲的弟子，诗、书、画、印造诣精炼，重师承、精传统、倡创新、富收藏、精鉴赏。内画材料广泛，以人物、肖像、山水、动物闻名，其代表作有《清明上河图》《百美图》《百骏图》《系列罗汉图》，作品《雪景山水》以水墨画法展示了自己的独特作风，重笔墨韵律和情致，展现出艺术灵感深层的蕴藏及文人内在，号称一绝。国内外收藏家对他的作品非常喜爱，作品屡次得奖。

（四）王冠宇

王冠宇，1949 年生于河北阜城，1962 年就读初级中学，著名内画艺人，因为家庭条件贫苦退学回乡务农，后靠自己刻苦钻研成材。1969 年拜内画大师王习三学艺，从此专攻内画鼻烟壶。自 1983 年曾先后赴巴西、美国、新加坡、日本等地举办内画展。代表作品有《秋风行》《风雨归牧图》《竹林逸兴》《哨鹿图》等，有收藏家评为：作品意境风雅、挥洒自如、独树一帜。《亚洲艺术》《中国内画鼻烟壶新貌》等著述都对其有介绍。

（五）张汝财

张汝财，师从王习三先生，1996 年 4 月联合国教科文组织授予张汝财“民间工艺美术大师”称号，同年6月，中国轻工总会也授予他“中国工艺美术大师”的称号。1990年研制大型料胎画珐琅瓶获轻工部优秀创作一等奖。1994年其作品获第5届亚太博览会金奖及文化部中国民间艺术一绝大展金奖。1999年绘制的《共和国三代领导人》获河北省文艺振兴奖，并参加中华人民共和国成立50周年成就展。现任衡水一壶斋工艺品有限公司经理，高级工艺师。

（六）索振海

索振海，1944年出生在饶阳大尹村，1963年在饶阳县文化馆从事美术宣传工作，专心钻研古人石涛、八大山人的技艺，领悟宋元文化的精巧、明清文化的秀美。20世纪70年代，有幸得恩师王习三的指导，内画水平得到大幅度提升。在创作期间，向现代名流李可染、王雪涛、任率英、李苦禅、黄胄等老师学习，从而拓宽视野以情取画。多年来有大量作品在各省报刊发表。在国际、全国、各省美展中曾获一、二、三等奖。

（七）付国顺

付国顺，字牧梦，生于1954年，河北武邑县人，河北省内画大师，国家一级工艺美术家，冀派宗师王习三先生的弟子。现任中国工艺美术学会会员，衡水市冀派内画协会副主席。他技术全面，造诣精湛，尤其擅长诗、书、画，技艺独步内画艺林，向来有艺坛奇绝的美誉。先后应邀出访日本、美国等20多个国家和地区。作品深得国内外收藏家的青眼和收藏。

（八）董雪

董雪，1962年出生于河北衡水。1977年师从内画大师王习三先生，形成了自己独特油画肖像风格，作品细致、丰富，神形兼备、色彩雅致，深得国内外专家们的高度赞誉。作品多次发表在《亚洲艺术》杂志、国际鼻烟壶协会会刊上，并收录在梁知行《中国内画鼻烟壶新貌》。

（九）王自勇

王自勇，艺名王又三，王习三的儿子。1991年毕业于河北师范大学美术系。其作品以肖像、山水为主，肖像刻画细腻典雅、气韵灵巧、活灵活现；山水作品波澜壮阔、墨色浓厚，首创内画浓墨山水画法，作品深受收藏家的好评。1999年9月，作品《古帖大观》获得河北省民间艺术博览会一等奖。2000年，“衡水三绝”获实用新型及外观设计两项专利；2001年7月，为上海高峰论坛创作“国礼”——六国总统肖像；2002年6月，其作品获得首届中国旅游纪念品设计大赛优秀奖；2002年9月，其作品获得首届河北省旅游纪念品设计大赛“最佳创意奖”“银奖”和“优秀奖”。2004 年 11 月，获得由河北省人事厅等 7 局厅颁发的河北省优秀发明者证书。现在是中国内画艺术大师、中国工艺美术学会会员，河北省工艺美术家。

（十）卢俊为

卢俊为，1963 年出生于衡水，自幼爱好绘画，打下了深厚的基础。1979 年考入衡水特种工艺厂，在王习三、王冠宇大师的精心指导下，对内画艺术有了独到的见解、长足的进步。作品线条流畅、构图缜密，人物造型夸张、明媚洁净、古朴典雅，形成了个人独特的风格。代表作品有《竹林七贤》《兰亭修禊》《溪山行旅》《百骏图》等。

1995 年创立东方艺苑，集中著名海内外的内画精英。现为中国工艺美术学会鼻烟壶专业委员会会员，河北省内画研究会副主席，原内画界四小名旦之一。

（十一）艾琦

艾琦，1962 年生于河北省石家庄市，内画宗师王习三先生高徒，专注研究内画艺术近 30 年，造诣精湛、技艺全面、风格奇特、自成一家，是冀派内画技艺的代表，他的艺术作品思想精深、意境深刻，用笔用墨天马行空，集诗、书、画于一体。作品多次荣获国家级、省部级大奖，深受业内专业人士及国内外收藏家青睐。多次应邀出访美国、日本、欧洲等国家和地区并举办个人作品展。大胆开发与创新，尽心研制了十几种实用新型内画艺术品，其中有几项获得了国家专利。

现为河北省工艺美术大师、中国工艺美术学会鼻烟壶专业委员会会员、国际中国鼻烟壶协会会员、河北省内画艺术研究会副主席，原内画界四小名旦之一。

（十二）王春光

王春光，字小兀，1963 年生于辽宁锦州，斋号日月轩，河北省工艺美术大师。1979 年师从内画大师王习三先生，深得恩师内画真传。其风格古雅细腻、敦厚质朴、意境深远。他独创的干皴内画技法，气质和格调都是最佳的，为黑白内画之最。被收藏家视为超凡的黑白艺术品，有浓厚的古雅气息，是难得的精品。1996 年，应中国工艺美术馆邀请，绘制中国伟人像，孙中山、毛泽东、周恩来、刘少奇、朱德肖像套壶，并被永久性收藏。同年，荣获联合国教科文组织签发的中国民间艺术家称号。他还曾应邀在加拿大、日本举办个人内画展览，在中国香港也多次举办个人内画展览。2004 年，在中国工艺美术大师作品暨国际艺术精品博览会上荣获银奖。原内画界四小名旦之一。

（十三）高振勇

高振勇，艺名悟石，斋号悟石斋主。1975 年生，河北省衡水人。2000 年创建悟石内画工作室。现为河北省衡水市首届（内画类）工艺美术大师、河北省民间工艺美术大师、冀派内画协会会员、中国工艺美术学会会员、中国工艺美术学会鼻烟壶专业委员会会员。

1993 年师从河北省一级工艺美术大师孙建国（三松）先生，后来曾得到国家美术大师付国顺先生的细心指导。1994 年进衡水市特种工艺厂工作，经过多年的专心学习、刻苦钻研，在传统内画技艺的基础上融入现代元素，既保持了冀派画风又吸收旁系派之长，形成了自己独特的艺术风格。他的作品构思精巧、布局合理、高贵典雅、笔墨神妙、意境深远。作品题材广泛，尤其擅长人物、山水、水墨画。代表作有《宋人牧牛》《雪林访友》《八仙图》《江南烟雨》《溪山访友》《踏雪寻梅》《童趣》等，均受内画界好评。他对艺术创作极其严谨，给自己立下了“三不”原则：心情不好不动笔，思绪不顺不动笔，效果不佳不出手。众多作品被中、英、美、日、新加坡等国内外收藏家收藏。曾数次参加省美展和国家级书画艺术大赛，屡次获奖。

四、技艺的传承

20 世纪 60 年代初，内画之乡新人辈出，王习三回到故乡衡水阜城，开始培养弟子，发展冀派内画。新一代内画大师张汝财，书画兼优的付国顺、王春光，精绘肖像的贾建明、王宏民、李秀春，古朴典雅、标新立异的山水人物候英姿、高振勇等中青年艺师，将衡水内画这一民间艺术推向了世界舞台，获得了华夏绝艺、国之瑰宝的美誉。

衡水内画是现代中国内画的代表，行业内人才辈出，各有所长，其作品豪迈奔放、笔墨精妙、富于诗情画意。

但衡水内画只有王习三的师徒传承谱系，此外并无系统的文字记录或著述，若不制订出具体保护措施加强管理，这一特色技艺将难以为继。

五、艺术保护

国家非常重视非物质文化遗产的保护，2006 年 5 月 20 日，衡水内画经国务院批准列入第一批国家级非物质文化遗产名录。

2007 年 6 月 5 日，经文化部确定，河北省衡水市的王习三为该文化遗产项目代表性传承人，并被列入第一批国家级非物质文化遗产项目 226 名代表性传承人名单。

六、外交成就

清朝时，鼻烟壶作为贵重外交礼品由清圣祖通过各国使节，转送给各国国王。中华人民共和国成立后，外交部等部门也曾多次委托衡水内画艺术家为外国元首、社会政要绘制内画肖像。

1984 年，王习三大师绘制巴西联邦共和国总统——菲格雷多肖像。

1988 年，王习三大师绘制英国女王——伊丽莎白二世肖像。

1990 年，王习三大师绘制第十一届亚运会理事会主席——法赫德亲王肖像。

1990 年，康占营绘制国际奥委会主席——胡安·安东尼奥·萨马兰奇肖像。

2001 年，刘恩昌绘制法兰西共和国总统——希拉克肖像。

2001 年，王又三、刘晖为 APEC 会议绘制六国领导人肖像：俄罗斯联邦共和国总统弗拉基米尔·弗拉基米罗维奇·普京、马来西亚总理马哈蒂尔·穆罕默德、墨西哥总统文森特·福克斯、新西兰总理海伦·克拉克、澳大利亚总理约翰·霍华德和美利坚合众国总统乔治·沃克·布什。

七、相关产业

现在从事冀派内画艺术创作的艺术家及其相关产业的从业人员是内画四派中最多的，是当代内画队伍中最有实力的一支。冀派内画画师云集地为衡水，饶阳县是衡水地区内画艺术从业人员最多的县市。

1993 年 12 月，在文化部命名的中国民间艺术之乡活动中，衡水市被命名为中国内画艺术之乡。

2003 年 2 月，由王习三大师创办的中国内画艺术之乡展览馆投入使用，为当时世界上第一所专门展示内画艺术的博物馆。

2006 年 6 月 7 日冀派内画入选国家非物质文化遗产保护名录。

第八节　杨氏太极拳

杨氏太极拳是由河北省邯郸市永年人杨露禅及其子杨班侯、杨健侯，其孙杨少侯、杨澄甫等人设立创编的，是太极拳的重要流派之一。杨式太极拳对手、眼、身、法、步有严格的要求，发展最为广泛。杨式太极拳姿势展开、平正朴实、练法简单，深受广大群众热爱。

一、起源

杨福魁（1799~1872 年），字露禅，河北永年人，师从陈长兴。杨露禅自幼好武，因为家中贫困被生活所迫在广平府西关大街中药字号“太和堂”干活。这家药店为陈家沟人陈德瑚所开。陈德瑚见杨露禅为人勤劳谨慎、诚实可靠，又聪明能干，便让他到陈家沟家中做工。看到陈长兴在陈德瑚家授徒，杨露禅心中十分羡慕，有心拜师学艺，但一是事情繁多，二又怕陈长兴不肯收自己为徒。他虽然懂得江湖禁忌，但因学艺心切，便在陈长兴教徒弟练拳时，在旁边观看，用心记下招式，没人时便偷偷练习。久而久之，竟然学有所成。后来被陈长兴发现，觉得杨露禅是个可造之才，不但没有怪罪他，反而大胆摒弃门户之见和江湖禁忌，和陈德瑚商量，准予他在业余时间正式学习太极拳。

杨露禅学成时，已经是40岁左右的人了。迫于生计，他先在家乡永年教授太极拳，后被人推荐去北京授徒。因为武艺高强，故号称杨无敌。他在北京教授太极拳时，考虑到弟子多为王公大臣、贝勒贵族，生活奢靡而体弱多病，又承受不了辛苦，便根据这些人的身体素质和保健需求，将自己所学太极拳中的一些高难度动作简化成适合穿长衫、留辫子的人练习，姿势较为简单，动作轻柔易练，又益于健身。后来经其子、孙修改，定型形成杨式太极拳，并发展成大小两种套路。其特点是柔和缓慢、舒展大方、速度缓匀、刚柔内含、深藏若虚、轻沉兼有。此拳一出，在京、津一带影响很大，学者众多。

二、传承

传子杨班侯、杨健侯，后其技由其孙杨少侯、杨澄甫传承。杨澄甫以大架为本，最后定型为当今流行的杨家太极大架。这四个架势并不是四套拳，而是一套拳的四种打法。杨家内部仍然有大、中、小和长拳的传授，但是拳架招式是以杨澄甫定型的大架为主。

至2017年为止，国家体委正式公布的48式、24式以及在许多场合表演的太极拳都是由这种杨氏太极拳或由其演化而来的。以后，杨氏又派生出李氏、吴氏太极拳。在全国八大太极拳门派中，源于永年的已占其五。

三、拳法特点

杨氏太极拳的特点有：

（1）拳架开展大方。杨氏太极拳在拳架上的独特风格是开展大方。拳架开展大方要求身体要内外放松，举手投足动手须到位，只有开展大方才有助于肢体上下左右地对拉拔长。上下对拉拔长的典型拳势如“白鹤亮翅”左右对拉拔长的开展大方，衡量拳架动作是否到位，是否开展大方，是一个重要标准。

（2）动作松柔缓慢。杨露禅向陈长兴学习拳艺多年后自成一派。杨氏太极拳拳架中没有像陈氏太极拳的弹抖、跳跃、震脚等明显的刚猛发力动作，形成了自己的大松大柔的独特风格。这是增加功力由松入柔、运柔成刚的独特练法，也是老少皆宜的强身健体之法，是杨氏太极拳最突出特点之一，也是杨氏太极拳名扬海内外的最主要原因。据说杨澄甫教拳授徒，强调最多的也是一个“松”字，他常说：“松！松！松！我不跟你说，三辈子也学不到。”他看弟子练拳半天可以不说一句话，但一个松字有时他要说几十次。这种大松大柔，绵里藏针的行拳走架风格，符合中国道教鼻祖老子柔弱胜于刚强、无为而治的哲学思想。

（3）行动速度均匀。杨氏太极拳强调慢、柔，而且特别强调速度要均匀。禁忌动作时快时慢，架子忽高忽低。而有的太极拳门派则强调快慢相间、发力刚猛。杨氏太极拳强调的速度均匀包括从起势到收势整个套路，也包括单式动作手脚运行与配合的速度，还包括了上一动作与下一动作的过渡衔接自然协调。一套85式传统套路打下来大概需要22分钟，下盘功夫好的可以打到40分钟至1个小时，起势的速度决定了整个套路的速度。全部套路的速度始终不渝。

要求动作转换时徐徐地倒换重心，轻起轻落、点起点落，快慢始终如一，迈步如猫行、运动如抽丝，不倡导快慢相间，行功走架、速度均匀是杨氏太极拳的独到之处，即使是转身摆莲和转身左蹬脚等动作，也仍然强调速度均匀。虽然个别动作可以做到稍快一点，但从总体上来说好似行云流水。

（4）招式虚实分明。以虚实分明为第一要旨，把分清虚实放在第一的位置，这是杨澄甫在《太极拳说十要》一文中一开始就提出的太极拳术，可见分清虚实对于练习杨氏太极拳有多么的重要。杨氏85式太极拳从头到尾，绝大多数动作都是一只腿承担大部分体重，当全身重量坐在右腿时则右腿为实左腿为虚，当全身重量坐在左腿时则左腿为实右腿为虚，两腿平均承担体重的动作是比较少的，除了起势、云手、右打虎式转回身右蹬脚的过渡动作中有短暂的马步外，其他几乎都是一腿虚一腿实。每招每式都必须做到虚实分明。

杨氏太极拳中的虚实相互转换就像太极图中的阴阳鱼相互消长一样，都是由半虚半实到全虚全实慢慢转移，比如脚踏地面的由虚变实，前进时脚跟先着地，脚掌脚趾依次落地，最后才全部踏实，这种虚实分明的拳架特点，在杨氏太极拳的整个套路中非常突出。

（5）周身圆活连贯。圆是说太极拳中所有动作都是走弧形的半圆。活是说动作不死板。步随身换，上下相随，手动、腰动、足动，眼神也跟着一起动，一动无有不动，一静无有不静。太极之圆就像一个三维空间的球体，触动任何一个点都会引起整个球体周身的转动和移位，挨着哪里哪里就转。连贯动作使两者之间衔接非常密切，不能有间断的现象，就好像滔滔江水的波浪，连绵不断。

只要细心观察，就可以发现杨氏太极拳在上一动作结束的同时，又是下一个动作的开始，整体动作连贯性很强，让人很难发现动作之间的起止范围。如左搂膝拗步接手挥琵琶一势，当搂左膝推右掌时，随着右掌小指领劲侧掌前送的同时，随身体前移的惯性，右腿跟自然抬起，向前跟进半步，就进了手挥琵琶的开始。拿这个动作的起承转合来说，左搂膝拗步的同时又是手挥琵琶一势之起，动作非常连贯自然。

（6）腰身使动四肢。杨氏太极拳亲族传人杨振基强调：杨氏太极拳必须以练腰为主，一切动作都要靠腰带动，腰拉、腰转、腰手脚，他对每一个动作的解释和对腰部动作的要求都介绍得非常仔细、非常到位。杨氏先辈还曾总结出一些宝贵的经验，腰一动周身皆动，腰一静周身皆静，腰不动，手不发，欲要身动，先要腰动。赵斌先师在教授杨氏太极拳套路时，强调身使四肢而不能四肢使身，就是在练拳时通过松肩松腰引导，带动四肢运动，所谓身使四肢的“身”指的是腰身，“使”指带动的意思。它要求行拳走架时，上肢的气要沉在腰上，下肢的气也要提到腰上，必须做到把腰变成周身运动的起始点，对于四肢来说，不要动不主动的动，而是在腰身的支配下，由身体的转动去牵动手臂转动，当身体下沉时，让地心吸引力去引导手臂沉落，当前进式后退时，让身体带动手臂发生位移。“身使四肢”集中反映了杨氏太极拳身法的显明特点。

（7）换位逢转必沉。上海杨氏太极拳名家顾树屏先生练杨氏太极拳 60 个春秋，功力颇深。他认为杨氏太极拳的一个明显特点是逢转必沉。这是杨氏太极拳区别于其他各氏太极拳的独特风格。逢转必沉横贯在整个套路的全过程，不单单只是表现在某一拳架动作上，逢转必沉是一个非常明显的规律性表现。

有位资深的老拳师将杨氏太极拳的主要特点简明扼要地概括为以松柔见长，突出沉劲。所以练杨氏太极拳必须打出沉劲，如果打不出沉劲那也就打不出传统杨氏的拳味，以倒撵猴式的练法为例，这个动作就是逢转必沉，是发沉劲的典型拳势。

杨氏太极拳第四代传人杨振基在《杨澄甫太极拳》一书中说：“倒撵猴一式的奥妙，在于发沉劲时要松腰松胯，气沉丹田，使劲由脚而腰达手。”倒撵猴一式如何走沉劲，河北石家庄市赵济夫先生曾在《武当》杂志发表题为《对倒撵猴一式的练法的粗浅体会》一文，他是这样论述的：“左倒撵猴左脚退步站住后，首先要屈左膝，落左胯，周身随呼气与腰、胯、裆下沉合为一势，这时命门后撑，含胸拔背，沉肩坠肘，左腕背彻底松开，内劲蓄足，然后腰胯拉，随身体左转后移，重心偏于左腿，顶劲领起，气沉丹田，并下行直达涌泉穴，左掌随周身后移，向下沉落于左胯前外侧，最后才是右脚掌碾正，右掌向前推出，形成沉、拉、打之势。”除倒撵猴之外，还有单鞭、云手、搬拦捶、野马分鬃、搂膝拗步等，凡是有转身的动作，几乎都要下沉的身势，这种沉劲的练习正是推手时产生“弹簧劲”的坚实基础，所以“逢转必沉”是杨氏太极拳拳架动作的一个普遍性规律。

（8）技击风格突出。本来太极拳的本质就是自卫防身，杨氏太极拳更是如此，它强调沾粘连随、不丢不顶、外柔内刚、绵里藏针、暗含发劲、藏而不露、打人不露形。它以舍己从人、引进落空、以柔克刚、后发先制、四两拨千斤的独特技击风格威震武坛。

四、发展

（一）太极剑

太极剑运动在强身健体、陶冶性情方面显示了独有的魅力和价值。传统杨氏太极剑套路共 55 式，13 种剑法，属内家剑法。太极剑在练剑过程中要求剑法分明，剑式准确清楚、动作整洁、形象逼真。特点是剑走轻灵，尚巧轻，以静御动，后发先至，以柔克刚，避实就虚。太极剑套路结构正是以此为原则，剑法细腻、结构严谨，演练起来轻柔和缓，舒展优美，攻防结合，精、气、神合而为一。

（二）太极刀

杨氏太极刀的特点为前剑后刀，与一般的刀不同，刀法也是刀剑合一。

杨氏太极刀源于杨氏太极拳，属杨氏太极拳类型的短器械，其演练方法和要领以及风格特点与杨氏太极拳基本相同，再配以钢刀，更显得刀姿潇洒利落，神态威武雄壮。

（三）太极十三枪

自杨班侯被他母亲命令他去掉枪头后，不少杨家太极门后辈也跟他一样。今日所谓太极杆，实际上是太极十三枪。

它内容丰富、动作简洁、枪法突出，适合于中、老年人健身。在功夫练习时要体现太极拳类的特点，要有柔中寓刚、绵里藏针、连绵不断、行云流水般的特点。

五、保护

国家体委早在 1956 年与 1959 年前后以杨澄甫拳架为蓝本，编写了 24 式简化太极拳和 48 式太极拳。自推广以来，深受广大群众的欢迎。国家体委武术研究院为了适应当前国内外太极拳发展的需要，又特别汇总编写了四氏太极拳竞赛套路（杨、陈、吴、孙），其动作均要求按传统练法编排，它会对今后国内外太极拳运动的蓬勃发展起到重要作用。

国家非常重视非物质文化遗产的保护，2006 年 5 月 20 日，杨氏太极拳经国务院批准列入第一批国家级非物质文化遗产名录。

第三章　传承与发展

第一节　保护和传承状况

近年来，国家颁布了一系列政策、法律法规和条例，高度重视非物质文化遗产的传承与发展，初步建立了符合我国国情的非物质文化遗产保护制度，非物质文化遗产保护理念得到了广泛认同，并且渐渐深入人心。特别是 2011 年 6 月 1 日《中华人民共和国非物质文化遗产法》的正式颁布施行，标志着我国非物质文化遗产保护工作进入了全面依法保护的新阶段，全社会都积极参与保护非物质文化遗产。

非物质文化遗产是中华民族优秀传统文化的重要组成部分，是中华文明沉淀的重要历史遗产，保护好非物质文化遗产，对于传承和弘扬中华民族优秀传统文化，推进社会主义先进文化建设，促进文化创新和发展，建设经济强省、和谐河北都具有十分重要的意义。

一、传承与发展现状

河北是我国非物质文化遗产大省，河北省境内非物质文化遗产形式多种多样、内涵丰富多彩。目前，河北省蔚县剪纸、丰宁满族剪纸、唐山皮影戏、冀南皮影戏、河间皮影戏、昌黎皮影戏等项目已经入选联合国人类非物质文化遗产代表作名录。

近年来，河北省各级党委、政府及相关部门高度重视非物质文化遗产的传承和发展工作，全省非物质文化遗产普查全面完成，政策法规体系逐步健全。按照《河北省人民政府关于加强文化遗产保护的实施意见》（冀政〔2006〕41 号）和《河北省人民政府办公厅关于加强全省非物质文化遗产保护工作的意见》（冀政办〔2005〕26 号）精神，全面宣传贯彻《中华人民共和国非物质文化遗产法》，准确做好非物质文化遗产的保护、管理和合理利用工作，认真执行保护为主、抢救第一、传承发展的工作方针，取得了突出的成绩。使非物质文化遗产绘声绘色地呈现在大家面前，举办了河北省民俗文化节、中国吴桥国际杂技艺术节、中国（唐山）评剧艺术节、首届中国（永年）吹歌节、中国（蔚县）剪纸艺术节、首届冀南皮影戏汇演等多项大型文化展示活动，可以看出保护研究成果丰硕。还整理出版了《河北省非物质文化遗产图典》等千余套图书影音资料；随着整体保护和社会传播深入实施，命名了一批文化生态保护实验区、民族传统节日保护示范地、河北省非物质文化遗产传播基地；同时，生产性保护的成绩也非常令人满意，衡水习三内画、曲阳石雕等项目与企业入选首批国家级非物质文化遗产生产性保护示范基地。

二、分布特征

作为我国非物质文化遗产大省，河北省的非物质文化遗产类别多种多样，如河间歌诗、冀中笙管乐、冀南皮影戏、吴桥杂技、武强木版年画、蔚县剪纸、曲阳石雕等。随着社会经济的发展，特别是旅游文化业的发展带动了非物质文化遗产的发展，很多地方都加强了对本地方非物质文化遗产的挖掘和保护，一些民间文化得以重新焕发了生机与活力，为本地区取得了良好的经济效益和社会效益。从宏观上来看，有些地方的情况还是不容乐观，对非物质文化遗产的保护力度还是赶不上衰落的速度，有些地区的非物质文化遗产还即将面临消失和衰败的危险。

三、民俗文化特征

河北省地处黄河中下游流域，是全国唯一有平原、草原、高原、山地、湖泊和海滨的省份，还是中华民族发源地之一。漫长的历史、璀璨的文化、优良的自然条件，使河北省滋养了许多绚丽多彩、形式多样的民间艺术。很多艺术在国内外都享有盛誉，如河北民间艺术的地方戏曲、曲艺、歌舞、特色工艺、民间美术、乡村古乐、沧州武术、吴桥杂技等。河北民间艺术在历史发展的长河中，对人民群众陶冶情操、娱乐心境、交流思想、抒发情感，起到了无形的纽带作用，为促进河北省的社会进步作出了非常重要的贡献。随着社会的变化、科技文化的提高，河北民间艺术以它独有的艺术魔力，在建设具有中国特色社会主义的进程中，起到了服务经济文化建设，推进政治、经济、文化全面发展的社会功能，营造了健康的精神氛围，推动了中外文化交流的作用。

河北省的民间艺术主要有以下几种：

（1）地方戏曲。河北具有古老的传统戏曲。金、元杂剧就是在河北省境内盛行之后南下传播到江浙一带的。明清以来，弋阳、昆山、梆子、二黄等戏曲声腔先后在河北盛行。20 世纪 40 年代末，河北梆子与评剧影响最大、发展最快。目前，在河北流行的剧种有 30 多个，其中河北土生土长的有 26 个，最具代表性的有河北梆子、保定老调、安国老调、平调落子、新颖调、横歧调、哈哈腔、四股弦剧、评剧、唐剧、唐山皮影、保定皮影、南辛庄木偶戏、固义摊戏、丝弦戏、坝上二人台、海兴南锣等。

（2）民间曲艺。河北民间曲艺在各地流传的主要曲种有西河大鼓、乐亭大鼓、任丘大鼓、晋州龙鼓、赞皇旗鼓、安国架鼓、高邑腰鼓、常山战鼓、藁城金钹战鼓、沧州木板大鼓、木板书、十不闲以及单弦、评书、相声、数来宝、快板书、三句半等30多种，历史悠久，曲种众多，内容复杂。许多年来传承下来的大小书目不计其数，这些曲种，有的演唱长篇大书，有的演唱小段曲目，从事这些曲艺的专业演员和农村业余说唱艺人成千上万。

（3）民间歌舞。河北民间歌舞反映了宽广的历史生活画卷，表达了人民群众的心声，大多数为民间创作，内容多姿多彩，风格各式各样，包括民歌、吹歌、歌舞等形式与内容。河北吹歌是一种民族民间乐器演奏形式，其乐器多以唢呐为主，配以管子、笙、笛、板胡伴奏乐器以及锣、鼓、镲等打击乐器，在民间逢年过节、婚丧嫁娶或喜庆之日进行演奏。河北歌舞以秧歌为主，其他还有各种灯类、鼓类以及借用道具表演的狮子舞、竹马、旱船、花船、小车、大头舞等146种。春秋战国以来，各朝各代都有关于河北民歌的文献记载。

（4）乡村古乐。河北乡村古乐目前保留完整的主要有邢台市广宗的太平道乐、巨鹿道教音乐班打醮科仪音乐、廊坊市固安县屈家营音乐会、军卢村义和团音乐等，在河北乡村仍比较活跃。这四种音乐都有一个共同的特点，就是虽与宗教相关，但却完全表现着民族文化传统。这些宝贵的古代文化遗产都是我国民族音乐的瑰宝。

（5）民间绘画。民间绘画在继承传统绘画风格的基础上创造开展，一般取材于民间生活，也是河北民间美术的重要组成部分。

（6）武术与拳种。中国有民间武术129个拳种，其中有52个发源于河北省。这52个拳种主要分布于沧州、邯郸、保定、唐山、廊坊、衡水、邢台等地方。现存规模和影响较大的有邯郸永年的杨氏太极拳、武氏太极拳，沧州的八极拳、披挂拳、燕青拳，廊坊的八卦拳，邢台的梅花拳，深州的形意拳等。

在川流不息的历史长河当中，人类为了繁衍生息，丰富自己的生活，喜欢从事一些作用于自然界和社会的活动，文化就是人类创造性活动的结晶。河北人民创造了具有深厚文化底蕴、浓郁地方特色、丰富多样的区域文化。

四、面临的主要问题

虽然河北省现在在非物质文化遗产的传承与发展上取得了一定的成绩，但人民群众的非物质文化遗产保护认识仍较薄弱，传承与发展机制还需要进一步完善，保护与利用水平不高……这些都是目前存在的问题。

很多人还保留着一些旧的观念，认为旧的东西都应该舍弃，因为它们产生不了经济收益，还没有认识到非物质文化遗产是自己民族的特色文化。还有一些人认为外国的东西都是好东西，本地的传统文化太土，这些崇洋媚外的思想也严重地影响了河北省非物质文化遗产的传承与发展，影响了非物质文化遗产的保护力度。

第二节　传承与发展机制存在的问题

目前，我国的非物质文化遗产保护工作现在还处于探索阶段，还没有形成科学有效的传承与发展机制，保护资金缺乏，保护经费长效投入机制尚未建立起来，很难保证保护工作的正常开展；有些地方存在重申报、轻保护的现象，对已列入名录体系的非物质文化遗产项目缺少科学的保护、传承计划和具体的措施；有些地方没有正确处理保护、利用、传承与发展之间的关系，使得非物质文化遗产宝贵实物资料丢失的现象没有得到有效的遏制，破坏性开发的现象还比较严重。这些问题在客观上对河北省非物质文化遗产的传承与发展都是有极大影响的。

保护与利用管理水平不高，队伍建设亟待加强。对于保护与利用工作，应该建立一支比较稳定队伍，但现有的工作人员数量不足、专业素质参差不齐，难以承担复杂烦琐的保护与利用工作任务。非物质文化遗产保护与利用，涉及面广、专业性强、内容丰富而复杂，基础理论和应用理论的探索及科学研究还存在许多不足，特别是保护与利用工作实践中遇到的一些重大问题和新课题，缺乏相应的理论指引和政策支撑。这些问题都导致河北省非物质文化遗产保护与利用管理水平不高，从而影响了河北省非物质文化遗产的传承与发展。

第四章　产业化发展与保护

第一节　沧州武术的发展与现状

沧州武术在2006年6月被列为国家级的非物质文化遗产。

一、沧州武术发展中存在的问题

沧州武术发展中存在的问题主要有：

（1）沧州武术门派较多，技术水平各不相同。根据统计，沧州武术共有50多个门派，但是在门派内部会因为派别不一样而产生冲突和纠纷，因为他们各门派之间武术水平参差不齐，缺少必要的沟通、交流和切磋。散乱、各自为营、各成一派的传承方式，使得沧州武术各个门派的水平很难有整体性的进步和发展。

（2）武术服装和机械用品采用小作坊式生产。不管是沧州大型的武术聚会，还是作为个体的习武者，他们所穿着的武术服装和武术中用到的武术器械用品，大多数都是从外面批发的。本地虽然有生产武术服装的企业，但是规模远远不够，能创造出的影响力相对来说很小，本地生产武术器械用品的企业更是少之又少，一般都是从北京、天津及我国南方购买。如果沧州武术机械用品市场开拓到外地应该会对河北省非物质文化遗产的保护与传承有一定的影响。

（3）对非物质文化遗产的保护措施不够。根据现在的状况来看，我国在非物质文化遗产保护方面与其他国家相比比较薄弱，尽管在传统武术方面，我国多次进行了比较深入的研究，并且也取得了一定的成绩，但是对传统武术进行系统的保护，还做得远远不够。没有完整的系统保护计划，就不能对沧州武术的传承发挥很好的作用。目前对沧州武术进行的保护措施方式简陋单一，缺少整体性文化内在，保护措施还有待进一步加强。

（4）没有专门的机构管理沧州武术的发展。沧州武术虽然已经被列入了非物质文化遗产名录，但在对沧州武术的研究、建设和发展方面都没有相应的政策进行管理，也没有专门的组织负责管理沧州武术的发展，还缺少必要的资金支持和政策帮助，以上各种原因使得沧州武术力所不及，难以得到更好的发展。

（5）资金不足和过度商业化。尽管河北省许多地方在非物质文化遗产保护工作方面都取得了一定的成绩，但是一方面缺乏资金限制了这些文化遗产的进一步发展和传承，甚至有些非物质文化遗产正在慢慢消失，有些沧州武术的继承人为了寻求生存不得已放弃对该项运动的进一步发扬。另一方面，某些部门和一些投资商仅考虑市场经济，使沧州武术逐渐失去其自有的特色，武术文化的内涵日渐消逝。

二、以八极拳为例研究沧州武术的发展

八极拳是第一批国家级非物质文化遗产扩展项目中的一员。通过对沧州八极拳的历史发展过程和发展现状进行探讨分析，可以为沧州武术提供更好的可持续发展的有利借鉴。

（一）研究对象和方法

研究对象是沧州八极拳，对八极拳的历史渊源、文化内涵、拳法特点及其在沧州市的发展现状进行调查分析，为八极拳法的推广提出建议。

方法有：文献资料法、专家访谈法、问卷调查法。

（二）沧州八极拳概述

八极拳，全称开门八极拳。八极之意，八为阴阳，极为巧妙变化趋于极远。开门之意有四：一谓开门立户，使八极拳法以独特风姿立于中华武林；二谓冲破武林界固守疆域的神秘观，开门授艺，开门汲取众家之长；三谓八极拳法的基础拳理为六大开、八大招，具顶、抱、单、提、胯、缠六种发力原理，其劲力似开门无阻；四谓广开思路，开门入窍，悟其性，晓其理，晓其用。

八极拳法发劲刚猛，爆裂骤变，跃进中以势险夺人，进击中以节短而取胜，风格和特点明显。八极拳并有独特的呼吸和练功之术，行哼哈二气乃其特长。调气、行气、发威用力之爆发力源于意力相通，由放松到发力行丹田之真力，并配合八极拳的十六大步法，配合以手型、腿法，形成了八极拳独具特色的练功方式，拳法刚猛爆裂、杀伤力强，成为近代史上保护政要人物的大内武术。八极拳以其独特的风格吸引了众多弟子前来学习，而习练者需遵守八极门规：一要心术正，二要胆气重，三要耳目灵，四要手足捷，五要身法硬，六要力量充，七要精神旺，八要儒雅性。

八极拳法在发展中形成了拳械独具特色的练习套路，主要有：八极小架、八极拳（含对接）、六大开、八大招、四郎宽拳、六肘头、太宗拳、太祖拳、华拳、飞虎拳、春秋刀、提柳刀、六合大枪、六合花枪、行者棒、八棍头、纯阳九宫剑等，拳械套路可单练，也可对练。

（三）八极拳活动的开展情况

八极拳在 2010 年 10 月沧州举办的第八届国际武术节上占有一席之地，成为

其中的一个比赛单项，并在申报创造多拳种大规模武术中展览演出。2013 年 10 月，沧州孟村八极拳研究会举办了八极拳国际展览演出交流会，这次交流会对八极拳的传承起到了积极的促进作用，交流会一共有 51 支队伍，还吸引了许多国内外八极拳爱好者的参加。

（四）保护措施建议

（1）加强八极拳在学校的推广。沧州体育局领导在 2011 年的一次报告中表示，武术进学校的普及率已达到 72%，沧州的 1803 所中小学中都有开展武术教学活动。沧州市政府将武术传统传承人作为武术进校园的首席辅导员，并规定每人每年必须完成 300 人的辅导任务。八极拳的传承人应该充分利用这个机会走进校园，开展一些推广活动，在中小学中吸引更多的人来练习八极拳，从基础教育做起，一步一步让大家认识八极拳。

（2）强化对沧州八极拳的传承。沧州武术作为非物质文化遗产，它的保护和传承已成为人类应有的义务和责任，特别是作为沧州特色拳种之一的八极拳更应该成为大家传承和发展的一部分。有这个意识大家就应该行动起来，把传承和发展作为重中之重，政府部门需加强干预，从基层教育开始入手，提高群众性，通过多角度、多手段加强对八极拳的宣传，让更多的人认识八极拳，这对沧州八极拳的传承和弘扬我国优秀民族文化都具有重要的意义。

三、关于沧州武术保护与传承的建议

沧州武术门派众多，传艺的主要方式是师徒传承和家族传承。随着现在市场经济和时代发展的需求，完善沧州武术人传承体系、健全传承方式至关重要。必须要在世界范围内建设沧州武术文化和技艺传播网络体系，使沧州武术国际化，让武术文化在世界各地开花结果。

（1）通过多种途径普及沧州武术文化。沧州武术作为非物质文化遗产，可以通过多种方式和途径进行保护与传承：

1）成立武术专业媒体，聘请武术资深人员对武术加以科学合理的报道，以此提高人们对武术的了解。

2）落实武术慈善事业。武术本身是一项内外兼修的运动，如果开展武术慈善事业，不仅可以充分表现出武术业内人士一方有难八方支援的爱心，还可以树立武术健康的形象，传达武术特有的精神，引发人们对武术的喜爱。

（2）建立完善的非物质文化遗产保护体系。在保护沧州武术这个非物质文化遗产上应该注意：

1）必须要把沧州武术中存在的问题一一记录在案，并运用现代化高科技手法建立一个专门的数据库，将它列入非物质文化遗产保护体系中。

2）运用相对应的研究系统来推广沧州武术文化这个非物质文化遗产的影响力。

3）要对沧州武术进行保护管理，把武术事业运用到发展旅游业上来，制定对相关传承人员的鼓励政策。

如果能做到以上几点，对于沧州武术的保护与传承都会有一个新的突破。

（3）重视对沧州武术传承人的保护。沧州武术能够良好发展与优秀的传承人是密不可分的。如果想要沧州武术得到更好的保护与传承那就必须重视对传承人的保护，使他们衣食无忧，不用为生活所迫，精神状态丰富，能够因自己的身份而感到自豪。只有这样才能够使沧州武术的道路走得更长，更远。对于传承人的保护可以从以下三点去做：

1）进行医疗方面上的保护，不用为自己的身体而烦恼。

2）拓宽传承人的授课途径，使传承人可以更好地找到适合自己的新学徒。

3）对沧州武术这个非物质文化遗产给予一定经济上的补助，使他们的生活条件可以得到改善，从而可以吸引更多的人参与进来。

（4）综合协调利益相关者。对于非物质文化遗产保护的主体分别有政府机构、学术团体、个人、投资商以及继承者。他们保护非物质文化遗产的目的各不相同，对待非物质文化遗产的态度也各不一致。其中政府机构是决定沧州武术存亡的关键，政府在制定相关政策和制度时，应多方面考虑，集思广益。学术团体和个人，更多地考虑他们的独立性和保护性，因为他们没有什么利益关系。投资商，因为利益关系，会过于看重商业化以获取利益，这就有可能使沧州武术失去自身本有的内涵和特色。继承者，首先必须要满足他们对于生活的需求，不被生活所迫，这些基本的需求不能满足会使他们对沧州武术心有余而力不足，从而失去传承人。因为各有不同目的，造成的结果也不同。所以，需要综合协调利益相关者，从各方面去考虑，结合各方优缺点，才能更好地保护非物质文化遗产。

（5）开展武术培训教育。建议把沧州武术融入沧州地方中小学生、大学生的日常教育体系，使沧州武术能够普及，并加强武术教育培训，增加学习沧州武术的人群，使更多的人认识和了解沧州武术，更加有利于对其的保护与传承。越来越多的人了解、学习沧州武术，才能打造武术界的顶尖人才，才能使沧州武术越走越远。

第二节　产业化研究

非物质文化遗产强调以人为核心的技艺、经验、精神，其特点是活态流变，是以人为本的活态文化遗产。

曲阳石雕在非物质文化遗产中有着不可估量的地位，并于2008年入选第二批国家级非物质文化遗产名录。曲阳石雕是通过石头雕刻来反映社会生活，表达艺术家的审美感受、审美情感、审美理想的艺术，在石头上创造出有一定空间的可视、可触的艺术形象。在当今社会经济的发展下，非物质文化遗产为了更好地发展传承，也在朝着产业化的方向发展。但发展的同时，出现越来越多的问题，本节从产业化的角度来看曲阳石雕的发展与传承。

曲阳石雕的特点是造型逼真、手法圆润细腻、纹理流畅洒脱，是汉白玉大理石雕刻的代表，是中国民间雕刻艺术。据悉，在北京天安门广场上耸立的那座雄伟壮观的人民英雄纪念碑，其下部展现中国人民革命斗争画卷的八幅浮雕就是河北省曲阳县石雕艺人的杰作。

一、曲阳石雕的历史源流

河北省保定市曲阳县境内有一座黄山，因为满山都是汉白玉石，洁白晶莹，所以形状看起来像一条银龙，非常适合精雕细刻。有了这种得天独厚的条件，再加上世代相传的雕刻工艺，使曲阳成为我国有名的石雕之乡。

曲阳石雕的历史可追溯到汉朝。唐、宋时期，曲阳石雕逐渐发展起来，到了清朝，就有了“天下咸称曲阳石雕”的盛名。在清朝末年巴拿马举行的世界石雕艺术赛会上，曲阳石雕曾获得世界第二名。惟妙惟肖的飞禽走兽以及神话故事、历史故事、名胜古迹、古今人物等上百种传统作品，曲阳石雕秀美雅致。曲阳大理石储量大，质地洁白晶莹、经久耐磨，是石雕的优质材料，所以河北省曲阳县被称为汉白玉雕刻艺术的故乡。

《曲阳县志》记载：“黄山自古出白石，可为碑志诸物，故环山诸村多石工。”根据现有的史料考证，早在公元前200多年的汉代，曲阳石雕已用于建筑业了。曲阳县城南有座狗塔，据说是东汉光武帝刘秀（25~55年），为纪念一只曾保护他逃出大火的义犬而征召当地石匠修建的。北魏时期（386~534年），曲阳石雕艺术已达到相当高的水平。当时，全国各地崇尚佛教，大兴土木，修建寺庙，促进了曲阳石雕中各种佛像作品的发展。曲阳石雕佛像造型庄重优美，面貌或严肃威武，或慈蔼端庄，线条流畅，至今仍是传统的主要石雕品种。1953年，从古刹修德寺出土文物中发掘出佛像、金刚像等石雕作品200多件。在这些雕像的底座上，均刻有北魏正光（520~524年），东魏天平（534~537年）等年号和作者姓名。经查明，上述这些作者都是曲阳县人。唐、宋两代，曲阳石雕艺术更加繁荣，作品流传全国许多地方，除石雕佛像外，历年发掘出土的还有曲阳石雕动物、瓜果等。在曲阳县西郊村的一座寺庙里，至今还保存有一尊唐代雕塑的汉白玉站佛。佛像身高八米，容貌庄严、气宇轩昂，服饰折痕、线条清楚柔和，极为生动传神。

关于曲阳石雕的兴起有很多种说法，其中一种说法最为盛行。相传，春秋战国时期诸子百家流派之一的黄石公，可与鬼谷子齐名，为曲阳县人。他婴儿时被弃于曲阳的黄山，后人谓之为黄石公。他隐居黄山著书立说，留下《太公兵法》和《雕刻天书》。他把前部书传给张良，把《雕刻天书》传给同乡曲阳的宋天昊、杨艺源两位弟子，从此曲阳人学会了雕刻。这种说法充满了传奇色彩，人们津津乐道。

唐朝时，曲阳成为中国北方汉白玉雕像的发源地及雕造中心。至元代，曲阳石雕已享有盛名，涌现出了许多像杨琼、王道、王浩等杰出的民间雕刻艺人。元世祖忽必烈兴建大都（现北京），召集各地的能工巧匠。曲阳石雕艺人杨琼因雕技高超被任命为总管。据记载，天安门前的金水桥就是由杨琼设计监造的。

明清时期，曲阳石雕工艺更加精细巧妙，清末曲阳人雕刻的仙鹤、干枝梅等作品在巴拿马国际艺术博览会上荣获第二名，以致天下咸称曲阳石雕。

中华人民共和国成立后，党中央派慰问团到革命老区慰问，曲阳石雕艺人把他们精心雕制的各种石雕赠送给慰问团。后来，人民英雄纪念碑、人民大会堂、历史博物馆的兴建，天安门的修复，毛主席纪念堂的建造，赵州大石桥的重修等重大工程，都有曲阳石雕艺人参加。他们多次受到党和国家领导人的接见。1995年曲阳县被国务院正式命名为中国雕刻之乡。

在曲阳，说到石雕必提起三个人。元代杨琼作为贡品的一狮一鼎得到了元世祖高度称赞，堪称绝艺；清末刘普治的仙鹤、干枝梅在巴拿马国际艺术博览会上获得了第二名；现代刘东元，古老的石雕艺术在他手里焕发了新的活力，其弟子卢进桥、甄彦苍、安荣杰继承了传统技法，并用锤子钎子谱写了石雕艺术的新篇章。

卢进桥、甄彦苍、安荣杰三人虽师出同门，但是走的却是不同的艺术道路。卢进桥将石雕、牙雕、玉雕、木雕技法融合为一，独创出剥荒、定型、雕琢、磨光、打亮相结合的镂雕技法。甄彦苍在继承了传统雕刻技艺的基础上，充分借鉴西洋雕刻技法，开创了曲阳石雕的西洋流派。安荣杰发明并运用安氏放大法，将哼哈二将、广东三水卧佛、山东蒙山老寿星像等巨雕工程载入吉尼斯世界纪录。

现在，曲阳石雕艺术有 300 多个品种。不仅仅局限于各种建筑物的雕刻，还有其他各种石雕装饰品、工艺品，如人物、山水、花草、鸟、兽、鱼、虫等一应俱全。他们的作品不仅受到国内人民的喜爱，而且远销日本、美国、新加坡等 30 多个国家和地区。

二、曲阳石雕工艺特色

曲阳雕刻随着圆雕、透雕、镂雕、浮雕等造型门类的出现，雕刻技艺也跟着发生了变化，还增加了大理石、玉石到木质、象牙、青铜、不锈钢等材质，技法数不胜数。工艺也是历经千年而不间断，誉满海内外。既有传统的仿古建筑饰品，又有现代人物雕像；既有园林雕塑，又有家庭装饰；既有飞禽走兽，又有游鱼花卉；既有上百米的巨作，又有长不盈寸的精品，题材非常广泛。曲阳石雕的传统工艺是利用开脸特技法，在石料上画出大概轮廓，先雕鼻子，再从头到脚依次雕刻，做到内外有度、比例协调。而现代工艺则是在传统工艺基础上，运用圆雕、浮雕、线雕技法，将解剖学、人体学、美学融合为一，再依靠科技力量（电动工具），所雕作品既有高贵华美的传统特点，又有新颖明快的时代精神。

曲阳石雕的雕刻工艺既擅长利用刨荒、刨光、开脸等特技，又善于用眼睛去定型，采用上细工艺，从而达到线要直、面要平、弯要活的标准。

曲阳石雕所用材料为天然汉白玉，石质具有洁白晶莹、纯净细腻、脂润坚韧、经久耐磨等特点。既易受刀，又耐风化，色泽不败。石材产于该县城南黄山之下，储量丰富。曲阳石雕构思精巧，造型美观；纹理清晰剔透，生动逼真；刀工精湛细腻，圆润光滑，有独特的艺术风格。所用材料有汉白玉、花岗石、玉石等。颜色有白、黑、黄、绿、红、灰等。还有各种各样的木雕。

三、曲阳石雕的传承意义

随着社会的发展与科技的进步，为了适应市场的需求，雕刻材质和雕刻类型受到影响，佛像制作已经越来越少，而传统的曲阳手工雕刻技艺也不断受到抨击，开料、手工刨荒、工具制作、手工锤钎等技法已近失传，模型也不再制作。这对传统曲阳石雕技艺的保留与传承造成了不小损害，必须尽快制订措施拯救曲阳石雕这一古老的手工技艺。

所幸的是国家非常看重非物质文化遗产的传承与保护，2006 年 5 月 20 日，曲阳石雕经国务院批准列入第一批国家级非物质文化遗产名录。2007 年 6 月 5 日，经文化部确定，河北省曲阳县的卢进桥、甄彦苍、安荣杰、刘宏立为该文化遗产项目代表性传承人，并被列入第一批国家级非物质文化遗产项目 226 名代表性传承人名单。

曲阳县建了一条长达 9 千米的雕刻走廊，马路两边的个体摊位上群芳竞艳，推陈出新，已经形成了一定的规模，这是各届县领导以市场带领产业，产品扩展市场的精神指导的成果，但是，由于石雕产品的质量很难把握，造成了价格决定质量的现象。希望能够出台一套相对应的管理体系，从而杜绝劣质产品以次充好、扰乱市场。

四、产业化发展现状

曲阳全县多个乡镇和村都已经成为雕刻基地，而雕刻文化产业园作为河北省唯一一个国家级文化园，受到了当地政府和国家的大力扶持，产业化发展也逐渐步入正轨，雕刻企业、雕刻产品更是远销 80 多个国家和地区。雕刻艺术节、雕刻展销会、雕刻大讲坛、雕刻大奖赛等重大雕刻产品推广活动也为雕刻业的发展搭建了良好的平台。曲阳已形成县城至羊平集 9 千米长的雕刻走廊，13 平方千米的雕刻园区和 6 个小区。全县雕刻企业固定资产超千万元的达到 20 多家，建立企业集团 3 个，已经成为带动产业群的领头企业。

曲阳流传一句话："你想要的哪怕只有一张图片，曲阳人都能给你雕刻出来。"市场的需求使曲阳石雕这门古老的艺术出现了紧跟社会需求的石雕作品。近几年的企业数量并没有大幅度上升，作为一种非物质文化遗产，它在产业化过程中的特殊性，需要我们对这种非物质文化遗产产业化模式进行探索。

五、曲阳石雕产业化分析

从产业化的眼光看，曲阳石雕仍面临着诸多困境，虽然作为当地的支柱产业加以扶持，近年来也取得了很大进展，还被列入了国家保护名录，但面临的困境制约了石雕技艺的开发与发展。下面从生命周期来分析曲阳石雕的产业发展。

20 世纪 90 年代为曲阳石雕的导入期。此时企业规模不大，结构零零碎碎，优化欠佳；产品的原料来源多，产品也比较单一，企业目标和战略一直在变化；企业的销售手段以接受订单为主；大部分企业很少尝试新产品，都以自己擅长的工艺为主；同时，企业也开始意识到了销售的重要性，开始进行宣传推广。总体上来看，产业化结构不太成熟，产业发展缓慢，利润率低，但市场增长率在提高。

1990~2000 年，此时的企业产品步入成长期。由于企业销量越来越大，消费者也根据自己的需求接受层次不一样的产品，产品开始出现差异化，一些小型企业的规模也逐渐扩大。曲阳石雕产业厂商开始增多，但产品层次及特点有极大不同；产品价格开始提高，随之利润也开始增加，原有企业在此阶段继续扩大，尽最大努力占领市场份额。

2000 年到现在，曲阳石雕产业化步入成熟期，由于竞争者之间的价格战日益严重，产品逐渐标准化，差异化小，技术、质量、创新方面缓慢进行，新客户增加幅度较小，新客户的要求越来越高，各个企业主要依赖老客户重复购买，导致产品的价格不仅没有上涨，还略有下降的趋势，各年的增长变化也不太明显。同时，石雕原料、雕刻中产生的粉尘污染、机器的噪声等问题逐渐出现，一部分盈利不大的小型作坊退出市场。

六、曲阳石雕产业化中出现的问题

产业化使人们太过于追求利润，传统工艺开始逐渐流失，产品复制化严重。产业化的核心是利润，但是过分地追求利润，使工人们以先进的科学技术、精密的仪器、高科技的机器替代手工，使大部分手工技法失传，取而代之的是现代机械，这样一来，传统的曲阳手工雕刻技艺便不停受到打击。为了满足市场需求，一些企业放弃了很多原来的雕刻类型，以前基本以口传心授的方式传承的传统的技艺已经渐渐消失，现在工厂里的学徒大多只能以模仿为主，很难学到传统石雕工艺的精髓，能继承石雕行业的人少之又少。

曲阳是河北省的贫困县，经济落后，虽然石雕名气很大，但很难引进外地的知名雕刻人才，很多人都是初中毕业后一边务农一边从事石雕行业，文化程度普遍较低，对传统石雕工艺的保护及传承意识不够，大多都只能模仿，缺乏创新意识，从而使曲阳石雕的传统技艺传承困难。除此之外，为了适应市场的需求，雕刻材质和类型也受到了影响，制作佛像的越来越少，这对传统曲阳石雕技艺的保留与传承也造成了较大伤害。

产业链条不完全，销售渠道比较窄，使得利润外流。无论是雕刻产业的就业人数还是产值，曲阳都明显要比市场其他竞争者低。虽然曲阳石雕在多个国家和地区进行销售，但主要经营方式还是外地的外贸企业经销。市场要靠别人去开发，销售也要别人去做，企业就只注重雕刻，大部分都是等着订单上门。

石雕产业的产业化并没有真正发挥作用，还是一直采用小型作坊式的加工模式，没有形成以开发促进发展、以开发促进保护的良性循环。石雕产业在发展的过程中，人们过分追求利益，忽略了环境带来的问题，使小黄山遭到严重破坏，科技水平低，产业效率也低。同样为雕刻之乡的福建惠安 2004 年拥有雕刻企业不到 1200 家，出口占 80%。按企业平均人数，曲阳不足 22 人，不到惠安（超过 83 人）的 30%；按企业或人均产值，曲阳企业平均 60 万元、人均 2.76 万元，分别为惠安的 10%和 40%。从这些数据来看，曲阳的产业效率明显低于惠安。

七、促进曲阳石雕产业化发展和保护的建议

曲阳石雕的产业化发展，要根据市场需求去寻找出路，还要以市场为导向。通观全局，为石雕找到合理化的空间格局和市场定位，从而进一步拓展、延伸产业价值链来提高发展。政府要加大服务平台并给予一定的资金支持，为石雕寻求合适的出路。

要扩大宣传，首批国家级非物质文化遗产是曲阳石雕最有利的宣传名片，这个称号带来的自豪感能鼓励广大民众自觉地参与到保护非物质文化遗产的活动中，还能激发曲阳人民对本土文化的热情。通过旅游业来带动曲阳经济的发展，打造曲阳石雕自己的旅游品牌、扩大其影响力，才有机会让曲阳石雕的技艺走出去，技艺走出去了就可以引进来高素质人才，从而提高石雕的创新性，创造出更好的石雕。

石雕产业链在发展中重生产、轻销售、轻市场、粗放经营等问题严重。这些

不利的条件都阻碍了石雕的产业化。曲阳要建设产业集群，利用石雕的传统优势找到市场定位与发展，利用多方面的渠道推广自己的石雕，打造一个属于自己的品牌，多发展自己的优势，多走出去与世界接触，才能使自己的利益得到保障。

在新形势下，曲阳政府对于石雕产业化提出了两个转变的新思路，制定了《关于加快石雕文化产业发展的意见》和《关于加强石雕文化产业管理的意见》，曲阳要顺应趋势，充分利用曲阳雕刻学校的优势，增加与各培训机构的合作，以此吸引高素质人才来曲阳交流，从而提高雕刻品质，使曲阳石雕在京津冀一体化政策的带动下，迎来一个新的发展。

各个部门要依据自己的职责，全面贯彻保护环境的措施，并向社会公开承诺，呼吁广大群众也一起参与进来；政府要制定有利于曲阳雕刻健康发展的意见，建立独特的企业保护制度，促进曲阳石雕业持续、健康、快速发展。

第三节　非物质文化遗产中的传统美术工艺与现代平面设计的融合

21 世纪，在世界文化艺术高速发展的同时，传统文化产业也越来越受到各国的高度重视，逐渐发展成为本国的重要产业之一，在非物质文化遗产中含有很多的传统工艺美术元素，这对当代文化产业的发展起到了很长远的影响，这也是非物质文化遗产中重要的组成部分。

平面设计师在进行创作的时候，只有站在中华民族的传统文化以及审美情趣的角度，在作品中随时植入一些我国传统文化的精髓，才能创造出屹立于世界的中国风，使得中国的平面设计更好地走向世界。民族的才是世界的，进行有效的融合是必然趋势，创新与发展更是唯一的出路。

一、中国传统工艺美术概述与现状

中国有 5000 多年的悠久历史，传统工艺文化更是博大精深、影响深远，传统工艺美术作为其中的一分子，在社会发展沿革中的作用和意义更是不可磨灭。

历史上最悠久的四大文明古国分别是古巴比伦、古埃及、古印度和古代中国。文明古国在距今 4000 年前相继从新石器时代进入青铜时代，进而步入铁器时代。艺术来源于生活，却又高于生活。随着时代的发展变迁，中国传统工艺美术也在朝代的变换更替中有了更宽广更深远的发展，这么多年以来，中国传统工艺美术被勤劳的古代劳动人民的智慧和汗水灌溉着、成长着。

中国传统工艺美术在我国历朝历代中以各种各样的艺术形式存在着，早在商朝的灰陶、黑陶、红陶、彩陶、白陶以及带釉的硬陶，陶器上的纹饰、符号与殷商时代的甲骨文和青铜器都有着密切的关系，这时候的陶器已经不单单只是盛物器皿，在其应用上已分为日用品类、建筑类、殉葬类、祭祀礼器类等。到了隋朝，白瓷得到了更好的发展，在装饰手法上也有了新的想法，一个很好的例子就是在器物上另外增添泥片贴花。从史前的陶彩、商周的青铜器、战国及秦汉的漆器、汉代的画像砖、魏晋隋唐的石窟、唐宋的陶瓷、元朝的寺观、明代的家具，到歌舞、器乐、漆画、泥塑、蜡染、皮影、绘画、剪纸、木雕等，这些独具特色及民族特征的文化，是组成中国传统文化的重要部分。其中的造型、图案、色彩都带有原创元素，对现代平面设计提供了很好的素材，且具有极高的借鉴性。

在现代平面设计中应用剪纸艺术、皮影艺术、年画艺术，不仅继承了中国古代文明，而且也是平面设计未来在中国发展的一种表现形式。众所周知，冀南皮影戏、武强木版年画、蔚县剪纸、曲阳石雕等艺术都是一种二维的平面表达艺术形式，应用在生产生活的众多领域，应用方式也极为灵活，是生命力较强的艺术形式，这一传统艺术元素直接推动了后来中国动画的发展。

传统美术在处理色彩时，主要是用各种材料去修饰色彩。我国古代诗人还将其用于诗词中表现意境，将其用于现代平面设计之中，同样具有新的创意和新的意境。我们常常从彩蝶、霓虹、彩霞等自然色彩的组合和变幻中受到启发而创造出色彩绚丽的装饰效果。由于性格、经历、情绪不一样，每个人对客观事物会产生不同的看法，对某些自然色彩的感受，可以是怡红快绿，也可以是绿肥红瘦。

传统性的工艺美术主要活跃在 19 世纪中期以前，之后逐渐衰败，到了 20 世纪初，设计这门学科已经逐渐进入人们的生活，后来发展成为主要的学科，并逐渐应用到社会的各个领域，而传统工艺美术在这个变革中只能保护性的延续。

传统工艺美术呈现出鲜明的地区、族群的实用、民俗、宗教和审美特征，是在传统文化土壤上产生的一种造型文化实践。如剪纸、刺绣、雕刻等传统工艺美术，就与当地的民俗、信仰、审美紧密相连。随着社会的发展，传统工艺美术与现代社会要求出现各种冲突，而这些冲突在一定的条件下约束了传统工艺美术在现代设计中的继续发展。如作为族群文化的传统工艺美术与跨民族的人的需求相冲突，作为民俗、宗教、实用功能的传统工艺美术与人的现代审美、投资需求相冲突等。

二、现代平面设计的概述与现状

设计一词来源于英文“design”，工业、环艺、装潢、展示、服装、平面设计等都是属于设计范围和门类。设计就是有目的的策划，平面设计是这些策划要采取的形式之一，设计的定义就是用视觉元素来表达你的设想和计划，用文字和图形把信息传达给观众，让人们通过这些视觉元素了解你的设想和计划。

从发展的历史经验来看，要敢于在各种文化之间相互碰撞、相互借鉴、相互吸收，才能保证一个国家、民族文化的发展经久不衰。我国从早期华夏文化的萌芽到汉唐文化的顶峰，盛唐文化受到外来文化冲击的影响而发扬光大。这些都可以说明只有敢于学习外来文化，才能博采众长，学习别人好的地方，总结自己的经验，才能创新出属于自己的文化。

在我国，平面设计历史悠久，战国时的“矛与盾”的口头广告、《韩非子》中所描述的“悬帜甚高”中的“望子”，两宋时期随着印刷雕版的发展而产生的“传单”等，这些都可以看做是平面设计的雏形，是我国广告历史久远的证据。但是，平面设计真正成为一种专业性活动并发挥其巨大作用却是由于资本主义社会的大生产才开始的，从这个方面来看，我国的平面设计艺术可以说是引进的。发达国家的设计已经有了百余年的发展历史，随着全球一体化进程的发展，很多外来艺术设计家来中国发展，使中国的设计师产生竞争意识，经常参与一些国际平面设计的竞争和交流，中国设计师多次在国际设计大赛中获奖。中西文化的接触交流使多元化的国际并存思想深深地融入了中国设计师的作品意境中，这是中国平面设计事业成熟的表现。但是，由于外来文化的渗入，中国现代设计中充满了受国外平面设计思想影响的视觉语言，甚至出现了充满浓郁外国特色的符号，在国际设计风格潮流之后，如何开创多元化的设计潮流成为新一代设计师们面临的共同难题。要想现代设计在富有现代特色的基础上充满历史色彩就必须对传统文化表现方式充分理解，再对传统元素加以改造、提炼和运用。

三、中国传统工艺美术与现代平面设计的融合趋势

当代中国发展蒸蒸日上，经济已经步入全球化时代，时尚也不例外。传统工艺美术发展的线路始终要根据市场规律和生活发展的需要。现代的设计则需要民间艺术来充实和丰富其底蕴，不过同时还要创新，使设计作品既有民族感又有现代感。当中国经济在世界经济中发挥的作用越来越重要时，一向引领风气之先的时尚领域便越来越多地融入了中国文化元素。

时尚界是从来不会放过任何一种可能带来话题、吸引眼球的灵感。民间的东西质朴并充满着浓浓的生活气息，既给设计师带来巨大的想象和张力，也容易带来心理认同。因此，作为设计师应掌握中国传统工艺美术和现代平面设计，让它们两者融合在一起。

在这个多元化的时代，既要有我国优秀的传统元素，也要有前卫、时尚的元素。中国文化是东方文化的代表，它内涵丰富、题材广泛、流传久远、形式多样，是外来文化难以吸取和替代的，是一处独特的景观和宝贵的财富，在世界艺术的宝库中，它以独特的东方文化魅力吸引着众多外来文化交汇、融合。中国是世界分割不开的关键部分，同样中国也离不开世界这个大家庭。我们应该吸取民族的文化的精华，使中国优秀的传统文化艺术在现代设计中得以保留并发展，在

与外来文化的冲击交汇融合中打造新的民族符号，将中国传统文化的精粹用现代化国际化语言表达出来，把代表中国精神符号的传统元素融入现代设计之中，让民族的文化精神和世界的设计语言两条小溪共同汇成一条不会干涸的大河，共同融汇成现代设计艺术的主流，让世界了解中国，让中国走向世界。

现如今人们的审美要求变得越来越严苛，为了避免人们出现审美疲劳，也为了吸引人们关注的眼光，设计师的设计理念就需要体现出其别具一格的特点，要想在这个竞争激烈的设计市场中获得生存与发展的机会，唯有发展自己的独特风格，这是时代的发展与人们生活水平不断提高的表现。看如今的平面设计市场，表现形式的创意更新不断冲击着人们的眼球，要想在这个不断变化、竞争激烈的设计时代中脱颖而出，就必须拥有一枝独秀的平面设计创意并逐渐形成大众所能接受的独特风格。在实际的日常生活中，多种多样的中国传统工艺美术，为平面设计创意提供了思想源泉，可以说，离开了传统文化的平面设计就如同无源之水、无本之木。

四、中国传统工艺美术与现代平面设计的融合方式

好的设计应该是着重于人与人、人与空间和人与自然的融合，是传统文化和现代设计的完美融合，再对传统的东西进行创造，并不是简单的照搬照抄，这种创造是在对传统文化理解的基础上，再加以现代的审美观念和对传统的一些元素改造、提炼和运用，使它具有明显的时代特征。或者用传统的造型方法与表现形式来表达现代设计理念，这样同时也彰显了民族的个性。现代设计师们要想充分改造提炼和运用传统元素就必须更深入了解千年积淀下来的民族文化瑰宝。可以将中国传统的平面艺术和造型艺术与现代平面设计文化结合，这样不仅传承了中华传统的艺术精神，更可以推动中国传统艺术走向世界的进程。现如今摆在设计师眼前的一个问题是：如何在新的信息时代推动传统艺术的更进一步的发展并赋予它更新的生命力和艺术活力，创造新的富有特点的中国现代平面设计理念。

大众普遍认为的中国传统文化元素应用于现代设计的普遍方式有以下四种：意识的承前与启后、形态的变化与继承、色彩的感悟与升华、质感的传承与锻造。

（1）意识的承前与启后。兼收并蓄的历史传承与自然无为的思想观点已经深入人心，而儒、道两家的哲学观点则对中国古代文化及东方文明产生了很大的影响并持续到如今。产品的形态、色彩、功能都追求天人合一的至高思想境界，特别强调与自然的完美和谐统一。

（2）形态的变化与继承。形态在不同时代有不一样的特定用途，从盛物的器皿到祭祀的圣物，伴随着古代文化的历史变迁，再结合当地的文化特点被赋予了特定的历史含义。方与圆元素在众多钟鼎、器皿中交相呼应是由于古代人天圆

地方的观念。而在现代产品设计的理念中，产品的功能性显得更为重要，通过科学合理的设计能充分表达出产品的功能性与美，这是现代产品与古代的传统相比较又得到提升的代表，这种创造是设计者对现代审美观念与传统造型手法完美结合、提炼、运用的呈现，并使得现代产品富有时代与民族文化特色。

（3）色彩的感悟与升华。人们对美的追求和向往，促使了色彩的产生和广泛应用。而人类在完善自身进化的同时，也在不断地认识物质世界，中国古代色彩观最开始是崇尚单色运用，后来到五色体系，包含了阴阳、五行、中庸、感悟的精神内涵，理想主义成分掺杂其中，在精神层面意象传神随类赋彩，对现代社会的产品色彩应用产生了深远的影响。

（4）质感的传承与锻造。中国造物历史源远流长，创造出的器皿种类众多，功能也愈加完善，这是生产力的发展和生活领域开拓的表现。从简单的原始石器到粗糙的陶器，再到细腻通透的瓷器和独具匠心的金属器皿，每一样都体现着中华民族悠久历史文化的灿烂辉煌。随着现代科学技术的不断创新和发展，现代社会的产品生产不仅要满足其使用功能，还要使物品本身具有美感，想要将传统与现代完美结合，就必须要深入领悟传统历史文化，创造出更加符合现代人类社会需求的艺术产品。

中国传统工艺美术是中华民族千百年来民众创造并享受的文化，是广大群众们智慧的结晶。现代设计师们在创新的同时，还更多地从中国传统工艺美术中吸取相关元素，创新出结合了传统与时尚的民族工艺。珠宝首饰在具有浓郁的民族气息的同时，还丰富了设计作品的多元化风格，使传统与现代文化的精髓相互融合、和谐发展。中国现代平面设计在吸收外来文化的同时也应不断地注入民族血液，创造出富有东方韵味的平面设计作品。

从古至今，许多艺术杰作成为华夏一绝被传承和保留下来，如剪纸、刺绣、扇艺、风筝、锦人、木板年画、民间玩艺等。在现代设计中融入中国传统工艺美术，给机械化的现代设计增加了一份人情关怀。就像鲁迅先生所说，越是民族的，就越是世界的。烙上了中华民族传统文化印记的设计产品使得中国的平面设计得以在世界浩大的设计园林中占有稳固的一席之位，它所散发出的独特民族气息使得中国设计在世人的面前又多了一份骄傲。平面设计师只有在进行设计主题创意的时候从我国传统文化中吸取足够的营养，立足中华民族的传统文化审美情趣，深刻植入我国传统文化的精髓，才能创造出屹立于世界的中国风，使得中国的平面设计更好地走向世界。

第五章　传承与发展的政策建议

第一节　进一步推动河北省非物质文化遗产传承与发展的建议

随着河北省经济持续增长，其发展方式也到了转型的关键阶段，人民群众开始加大了对精神文化的需求，公众对传统文化和非物质文化遗产的认识也是一天天更加深刻，为非物质文化遗产传承与发展提供了前所未有的机遇。为大力建设文化强省，进一步推动河北省非物质文化遗产传承与发展工作，特提出以下对策建议：

（1）正确处理保护、利用与传承的关系。建立起正确的传承与发展非物质文化遗产的观念，进一步解放思想。充分认识到以民间文化为核心的非物质文化遗产对河北省经济社会协调发展的重要性，正确处理好非物质文化遗产的保护、利用与传承之间的关系，以传承实现保护，以保护带动利用，以利用促进保护，环环相扣。只有使非物质文化遗产得到了充分保护，才能最大化发挥其社会效益和经济效益，服务于社会文化发展和经济建设。而在非物质文化遗产保护中要想达到更好地保护与利用非物质文化遗产，就必须建立起非物质文化遗产的传承机制，紧紧把握住传承这一核心。

以庙会、赶集、汇演这些传统节日活动为契机，使观众在欣赏各种技艺的展示和表演的同时感受传统、继承民俗，以此展示非物质文化遗产的独特民族文化。有资源的地方建为重点产业园开发区，组织规模加工，积极开拓全省乃至海内外市场，对周边地区发起带动作用，广泛打造民间手工艺圈，创建影响国内外的民间手工艺制作和销售产业中心。

（2）建立健全传承人保护机制。传承人在非物质文化遗产的生产、保护、延续和再创造方面发挥着积极作用，丰富了文化的多样性和人类的创造性，要想保护非物质文化遗产就得先保护传承人。密切关注民俗文化创造者、持守者和继承者的生活，关心他们的现实遭遇与需求，要让他们不为生活所迫，加强对传承人的保护与培养是做好非物质文化遗产传承工作的关键。

一是完善代表性传承人制度。将传承活动的内容、方式和社会影响等标准一一细分开来，定期组织相关领域专家对传承人进行考核评定，对成绩出色的师傅和成绩优异的徒弟进行奖励。

二是完善四级名录体系。依照项目传承规律，项目和传承人有进有出，保持队伍适当规模和梯次结构，把政府的权威认定和示范引导作用发挥出来，真正实现科学评价和动态管理。

三是加强对传承人的教育培训。为更好地推进河北省非物质文化遗产的保护和传承工作，应建立一批非物质文化遗产传承基地、传习所和教育示范基地，涉及的项目应包括传统手工技艺、传统音乐、民间文学、传统舞蹈等方面，用来帮助传承人更新知识结构，提高传承人队伍的素质；还应建立非物质文化遗产学校，用于专门培养非物质文化遗产的传承人才，广泛吸收对传统艺术感兴趣的年轻人，并从中开发、培养继承人。

（3）推进非物质文化遗产产业化。要在产业和市场的结合中实现传承和可持续发展，应对传统手工艺产品进行创新，以此增加民族文化产业的竞争力。对于有市场前景的非物质文化遗产，要鼓励其在国家政策支持下进入市场，增强各非遗产地、各非遗主体的造血功能，实现自救、自养，在传统非物质文化遗产传承中融入现代设计理念，合理引进现代人的审美心理和审美观念。在坚守传统的同时，设计研发具有流行气息和时尚感的产品，赢得年轻一代的支持与喜爱，提升老产品的新活力。现在非物质文化遗产逐步的市场化、产业化，在传承与发展中已呈必然趋势。非物质文化遗产发展的前提和动力就是市场需求，只有实现非物质文化遗产的社会文化价值和经济价值共赢，才能更好地实现非物质文化遗产传承与发展。

以河北省国家级非物质文化遗产定州白瓷为例，定窑瓷器以丰富多彩的纹理装饰而深受人们的喜爱。定瓷经典之作莫过于孩儿枕，造型为一俯卧的儿童，双臂抱拢枕于头下，双足拱起。以儿童俯卧形成的弯曲下凹的背部为枕面，构思巧妙，细腻传神，把稚气未脱的童子形象表现得淋漓尽致，惹人爱怜。而今打造出的许多小巧玲珑的孩儿枕产品，方便携带，定瓷的装饰技法以白釉印花、白釉刻花和白釉划花为主，独具一格，生动自然，有浅浮雕之美，具有较强的立体感，是远销海内外的馈赠佳品。

（4）提高非物质文化遗产保护与利用管理水平。非物质文化遗产生态传承的根本和基础是对传统技艺的保护，通过保护促进对非物质文化遗产的活态传承。应针对不同非物质文化遗产的特点和规律，采用合适的保护方式和手段。如运用现代科技手段将处于濒危状态和传承困难的非物质文化遗产项目进行抢救性保护，记录、拍摄、整理、保存、建档，建立有效的传承机制，力争保存、保护好这些代表民族历史记忆的文化遗产；以生产性方式保护具有可生产性质和经济效益的非物质文化遗产项目，通过具体的生产实践活动得以传承和保护；以整体性保护的方式对传统文化积淀丰厚、特色鲜明、形式和内涵保持完整、自然生态环境保护良好的非物质文化遗产项目设定文化生态保护试验区，建立整体保护的思路和理念。

为了更好地为河北省非物质文化遗产传承与发展服务，应专门组织河北省各类文化单位、科研机构、大专院校及专家学者对河北省非物质文化遗产的理论和实践问题进行研究，为河北省有关部门制定非物质文化遗产传承与发展的相关政策提供有力依据。应加强专业人才队伍建设，建立学、产、民、官四位一体的人才培养运作机制，将专业科研与人才培养、社会效益创造、非遗传承人的互动和推动政府加强非遗保护机制建设密切结合，通过与政府部门沟通、成立民间艺术研究机构、实地考察地方民间艺术等方式，在教学与实践的链条中培养管理人员的研究能力与实际应用能力。

（5）强化对非物质文化遗产开发利用的宣传引导。应多方面推广对河北省非物质文化遗产的开发利用，通过新闻广播、平面媒体、网络平台等载体多渠道开展对河北省非物质文化遗产项目的宣传活动，营造出一种良好的社会氛围，提高广大干部群众自觉参与非物质文化遗产保护的积极性和主动性。同时，为激发青少年热爱祖国传统文化的热情，将一些优秀的非物质文化遗产内容和知识纳入中小学的教学计划、编入教材；还可以组织参观学习活动，以此来提高大家对非物质文化遗产的保护意识，为河北省非物质文化遗产传承与发展奠定良好基础。

应在用全省之力建设文化强省的大背景下，进一步抢抓机遇、加大工作力度，努力开创非物质文化遗产传承与发展。这一项任务还很艰巨，道路还很漫长，需要社会各方面的共同努力才能完成。

第二节 国内外保护非遗的先进经验

河北省非物质文化遗产保护与传承工作虽取得了一定的成绩，但在其他方面还存在着一些问题，比如广大群众对非物质文化遗产保护与传承重要性的认识还不够深刻；本土非物质文化遗产因受到洋文化的冲击正在逐渐流失；而作为传统技艺手工业者的也比较少，收入下降等。应积极探索国内外的先进经验，取长补短，促进河北省非物质文化遗产保护与传承工作的深入开展。

（1）政府倡导，全民参与。出于对民族文化遗产的保护，政府应积极鼓励广大群众参与非物质文化遗产的传承工作，设立国家文化遗产特别基金会，用于奖励在文化传承方面作出过贡献的人，加强大家对文化保护与传承的意识。俄罗斯具有鲜明民族气质的传统文学、美术、音乐、戏剧源远流长，在世界上享有盛誉。技艺高超的马戏表演，出色的民族编织手工艺，特别是极具传统风情的套娃工艺品等木制品将其鲜明的民族特色展现得淋漓尽致。俄罗斯文化部与媒体设立青年文艺中心，定期免费对青少年普及民族工艺知识与培训。

（2）迈出国门，走向国际。翡翠岛国爱尔兰，处处弥漫着艺术气息，从手工羊毛制品的编织到凯尔特民族音乐的传唱，每个都是非物质文化遗产的缩影。为了发扬爱尔兰民族文化，传承非物质文化遗产，从政府到国民都非常重视寻找与世界沟通的道路，将素有民族史诗之称的《大河之舞》搬上了世界舞台，全球巡演1万余场，成功突破了全球化与现代化对民族传统文化禁锢的瓶颈，使传统的民族舞蹈焕发出新的活力。

（3）产业带头，学研共赴。浙江省为了攻克非物质文化遗产保护和传承过程中遇到的问题，通过对非物质文化资源的科学开发与合理利用，划拨专项经费，积极探索非物质文化产业化之路，制定了有针对性的保护方案，实现了非物质文化遗产保护与产业运作的双向互动和良性循环。同时，加强民俗文化学术交流，创建立体化、综合性、学术型的文化遗产传承模式。在庆祝传统节日的同时，开展民俗文化研究、学术讲座等活动，由公众、学术团体、院校、博物馆等机构一起完成，从而为促进传统技艺产业化发展提供了良好的智力支持。

（4）开展普查，人才为重。近年来，蒙古政府坚持非物质文化遗产专项普查结合全面普查，增强了对非物质文化遗产资源的普查，全面了解和掌握国内非物质文化遗产资源与分布情况，颁布了蒙古非物质文化遗产法规，并建立非物质文化遗产代表作名录体系。非物质文化遗产保护与传承的核心是以人为本。陕西省以非物质文化遗产普查为机会，建立民间艺人数据库，记录其姓名、住址、年龄、所学技艺、取得成果及传承状态等信息。一些国家政府也成立传承人基金会，将非物质文化遗产的传承者视为国宝级大师，注册认定，并授予荣誉称号。对非物质文化遗产资源的普查，是奠定民间文化保护与传承的基础和重要措施。

（5）他山之石，可以攻玉。韩国在20世纪60年代就开始着力于传统民族、民间文化的搜集和整理，并于1962年颁布了《韩国文化财保护法》。半个世纪以来，韩国已经陆续公布了100多项非物质文化遗产，并依据价值的大小把非物质文化遗产分为不同等级，由国、省、市及所在地区分别筹集资金赞助。此外，韩国政府还制定了金字塔式的文化传承人制度，对于最顶层的文化遗产传承人，国家授予最杰出的保有者称号，资助他们用于公演、展示会等各种活动和用于研究、扩展技能、艺能的全部费用，同时政府还提供每人每月100万韩元的生活补助并提供一系列医疗保障制度，以保证他们衣食无忧。韩国是制定非物质文化遗产保护政策比较早的国家之一。

我国的经济正在迅速成长、国际地位正在迅速提高、文化影响力正蓄势待发，有必要以更全面、更多责任感的态度来对待非物质文化遗产保护问题。

我国已经加入了《保护非物质文化遗产公约》，并已颁布了《中华人民共和国非物质文化遗产法》，明确了国家在非物质文化遗产保护上的立场和政策取向，规范了政府职权责任。

国家应有三重责任。其一，帮助各非物质文化遗产地的社区和居民，以更新的技术手段更完整地记录、整理、发表各种遗产形式。其二，更多尊重遗产地居民对发展道路的选择，通过对话解决相互依赖的各种问题。在发展中，尤其要关注其文化表达形式的传承与创新。其三，要考虑更多恰当的优惠措施。

伴随着我国经济的快速发展及世界文明发展的潮流，振兴中华不仅仅是指经济实力的增长，更包括文化上的复兴，二者缺一不可。在借鉴别国有效经验的基础上，相信我国的非物质文化遗产的保护工作也一定会取得巨大的进步。

附录　河北省非物质文化遗产名录

河北省国家非物质文化遗产名录一共655项。河北省传统手工技艺和民俗的国家非物质文化遗产众多，这跟河北的地理位置有很重要的关系，其是内蒙古、北京、河南、山东和东北的接壤之地，历史悠久、人口众多，多文化多民族聚集地让中国古老的传统文化在这里交融和生根发芽。

河北省第一批国家非物质文化遗产名录（38项）

1	木板大鼓	曲艺	沧州沧县
2	井陉拉花	民间舞蹈	石家庄井陉县
3	徐水狮舞	民间舞蹈	保定徐水区
4	评剧	传统戏剧	唐山滦南县
5	唐山皮影戏	传统戏剧	唐山市
6	石家庄丝弦	传统戏剧	石家庄市
7	哈哈腔（清苑）	传统戏剧	保定市
8	哈哈腔（青县）	传统戏剧	沧州青县
9	武安平调落子	传统戏剧	邯郸武安市
10	定州秧歌戏	传统戏剧	保定定州市
11	冀南皮影戏	传统戏剧	邯郸市
12	武安傩戏	传统戏剧	邯郸武安市
13	涉县寺庙音乐	民间音乐	邯郸涉县
14	二人台	传统戏剧	张家口康保县
15	乐亭大鼓	曲艺	唐山乐亭县
16	吴桥杂技	杂技与竞技	沧州吴桥县
17	磁州窑烧制技艺	传统手工技艺	邯郸峰峰矿区
18	安国药市	民俗	保定市
19	女娲祭典	民俗	邯郸涉县
20	沙河藤牌阵	杂技与竞技	邢台沙河市
21	霸州笙管乐（胜芳音乐会）	民间音乐	廊坊霸州市胜芳
22	邢台梅花拳	杂技与竞技	邢台平乡县、广宗县

续表

23	杨氏太极拳	杂技与竞技	邯郸永年区
24	沧州武术	杂技与竞技	沧州市
25	耿村民间故事	民间文学	石家庄藁城市
26	隆尧秧歌戏	传统戏剧	邢台隆尧县
27	丰宁满族剪纸	民间美术	承德丰宁满族自治县
28	固安笙管乐	民间音乐	廊坊固安县
29	河北鼓吹乐	民间音乐	秦皇岛抚宁
30	冀中笙管乐（高洛音乐会）	民间音乐	保定市涞水县
31	昌黎地秧歌	民间舞蹈	秦皇岛昌黎县
32	河北梆子	传统戏剧	河北省文化厅
33	河间歌诗	民间文学	沧州河间市
34	蔚县剪纸	民间美术	张家口蔚县
35	曲阳石雕	民间美术	保定曲阳县
36	衡水内画	民间美术	衡水市
37	武强木版年画	民间美术	衡水武强县
38	霸州笙管乐（高桥音乐会）	民间音乐	廊坊霸州市

河北省第二批国家非物质文化遗产名录（72 项）

1	昌黎民歌	民间音乐	秦皇岛市昌黎县
2	曲周龙灯	民间舞蹈	邯郸曲周县
3	黄骅麒麟舞	民间舞蹈	沧州黄骅市
4	二贵摔跤	民间舞蹈	承德隆化县
5	四股弦	传统戏剧	邢台巨鹿县
6	葛渔城重阁会	民间舞蹈	廊坊安次区
7	沧县狮舞	民间舞蹈	沧州沧县
8	保定老调	传统戏剧	保定市
9	邯郸东填池赛戏	传统戏剧	邯郸市
10	蔚县秧歌	传统戏剧	张家口蔚县
11	威县乱弹	传统戏剧	邢台威县
12	子位吹歌	民间音乐	保定定州市

续表

13	孟姜女故事传说	民间文学	秦皇岛山海关区
14	玉田泥塑	民间美术	唐山玉田县
15	秸秆扎刻技艺	传统手工技艺	廊坊永清县
16	永年西调	传统戏剧	邯郸永年区
17	隆尧招子鼓	民间舞蹈	邢台隆尧县
18	安次区笙管乐（军卢村音乐会）	民间音乐	廊坊安次区军卢村
19	雄县古乐	民间音乐	保定雄县
20	辛安庄民间音乐会	民间音乐	沧州任丘市
21	里东庄音乐老会	民间音乐	廊坊文安县
22	唐山花吹	民间音乐	唐山唐海县
23	沧州落子	民间舞蹈	沧州南皮县
24	易县摆字龙灯	民间舞蹈	保定易县
25	常山战鼓	民间音乐	正定
26	蔚县拜灯山	民俗	张家口蔚县
27	深州形意拳	杂技与竞技	衡水深州市
28	武氏太极拳	杂技与竞技	邯郸永年区
29	文安八卦掌	杂技与竞技	廊坊文安县
30	胜芳花灯及元宵灯会	民俗	廊坊霸州市
31	苇子灯阵	民俗	邯郸峰峰矿区
32	彩布拧台	民俗	邯郸邯山区
33	霸州笙管乐（张庄音乐会）	民间音乐	廊坊霸州市张庄
34	广宗太平道乐	民间音乐	邢台广宗县
35	安次区笙管乐（南响口梵呗音乐会）	民间音乐	廊坊安次区南响口
36	定瓷传统烧制技艺	传统手工技艺	保定曲阳县
37	河间皮影戏	传统戏剧	沧州河间市
38	口梆子	传统戏剧	张家口市
39	京东大鼓	曲艺	廊坊市
40	花丝镶嵌制作技艺	传统手工技艺	廊坊大厂回族自治县
41	泊头传统铸造技艺	传统手工技艺	沧州泊头市

续表

42	大名草编传统手工技艺	传统手工技艺	邯郸大名县
43	易水砚制作技艺	传统手工技艺	保定易县
44	桃林坪花脸社火	民俗	石家庄井陉县
45	南张井老虎火	民俗	石家庄井陉县
46	冀南梨花大鼓（鸡泽县）	曲艺	邯郸鸡泽县
47	冀南梨花大鼓（威县）	曲艺	邢台威县
48	西河大鼓	曲艺	廊坊文安县
49	深泽坠子戏	传统戏剧	石家庄深泽县
50	山庄老酒酿造技艺	传统手工技艺	承德平泉市
51	织字土布技艺（鸡泽县、肥乡区）	传统手工技艺	邯郸鸡泽县　邯郸肥乡区
52	魏县花布染织技艺	传统手工技艺	邯郸魏县
53	邯郸赛戏（武安市、涉县）	传统戏剧	邯郸武安市　邯郸涉县
54	苏桥飞叉会	杂技与竞技	廊坊文安县
55	孟村八极拳	杂技与竞技	沧州孟村回族自治县
56	劈挂拳	杂技与竞技	沧州市
57	燕青拳	杂技与竞技	沧州市
58	香河安头屯中幡	杂技与竞技	廊坊香河县
59	左各庄杆会	杂技与竞技	廊坊文安县
60	正定高照（中幡）	杂技与竞技	石家庄正定县
61	板城烧锅酒五甑酿造技艺	传统手工技艺	承德市承德县
62	衡水老白干传统酿造技艺	传统手工技艺	衡水市
63	雄县鹰爪翻子拳	杂技与竞技	保定雄县
64	冀南四股弦 （馆陶县、魏县、肥乡区）	传统戏剧	邯郸馆陶县　邯郸魏县 北坡头　邯郸肥乡区 旧店乡南营村
65	易县东韩村拾幡古乐	民间音乐	保定易县
66	安次区义和团音乐（东张务音乐会）	民间音乐	廊坊安次区
67	丰宁满族吵子会	民间音乐	承德丰宁满族自治县
68	安新县圈头村音乐会	民间音乐	保定安新县

续表

69	豫剧桑派艺术	传统戏剧	邯郸市
70	永年抬花桌	民间舞蹈	
71	隆尧县泽畔抬阁	民间舞蹈	邢台隆尧县
72	宽城背杆	民间舞蹈	

河北省第三批国家非物质文化遗产名录（173项）

1	峰峰王看烟火灯地	民俗	邯郸峰峰矿区
2	怀安县胡家屯社火	民俗	张家口怀安县
3	沙河九龙祭祀	民俗	邢台沙河市
4	清河中华张氏传统祭祀	民俗	邢台清河县
5	鄚州庙会	民俗	沧州任丘市
6	觉道庄老子祭奠	民俗	沧州青县
7	抬皇（黄）杠	民俗	邢台南和县
8	抬皇（黄）杠	民俗	秦皇岛抚宁区
9	九曲黄河阵	民俗	保定定兴县
10	九曲黄河阵	民俗	石家庄井陉县
11	九曲黄河灯	民俗	张家口怀来县
12	九曲黄河灯	民俗	张家口怀安县
13	七夕节	民俗	石家庄灵寿县
14	赞皇腊八船	民俗	石家庄赞皇县
15	正定腊会	民俗	石家庄正定县
16	炮打五只船	民俗	石家庄新乐市
17	长岗龙母文化	民俗	石家庄井陉县
18	栾庄海龙湾龙文化	民俗	石家庄井陉县
19	丧葬习俗	民俗	保定安新县
20	丧葬习俗	民俗	石家庄井陉县
21	婚俗	民俗	石家庄井陉县
22	伏羲文化	民俗	石家庄新乐市
23	阜城打囤	民俗	衡水阜城县
24	滦平二龙山龙文化	民俗	承德滦平县

续表

25	面塑	传统手工技艺	保定安新县
26	白洋淀苇编	传统手工技艺	保定安新县
27	芦苇画	传统手工技艺	保定安新县
28	传统造船技艺	传统手工技艺	保定安新县
29	威县土布纺织技艺	传统手工技艺	邢台威县
30	传统纺织技艺	传统手工技艺	邢台广宗县
31	手工挂面制作技艺	传统手工技艺	邢台临西县
32	手工挂面制作技艺	传统手工技艺	沧州吴桥县
33	沧县镂空木雕雕刻技艺	传统手工技艺	沧州沧县
34	黄骅节庆面花制作技艺	传统手工技艺	沧州黄骅市
35	吊炉烧饼制作技艺	传统手工技艺	沧州黄骅市
36	黄骅面花模子雕刻技艺	传统手工技艺	沧州黄骅市
37	黄骅人工制盐技艺	传统手工技艺	沧州黄骅市
38	泊头火柴制作技艺	传统手工技艺	沧州泊头市
39	宁晋泥坑酒酿造技艺	传统手工技艺	邢台市
40	卢龙粉条传统加工技艺	传统手工技艺	秦皇岛卢龙县
41	蜂蜜麻糖制作技艺	传统手工技艺	唐山丰润区
42	蜂蜜麻糖制作技艺	传统手工技艺	唐山市
43	松纹剑锻造技艺	传统手工技艺	唐山古冶区
44	柴沟堡镇熏肉制作技艺	传统手工技艺	张家口怀安县
45	沙城老窖酒酿造技艺	传统手工技艺	张家口市
46	七汲全羊宴技艺	传统手工技艺	石家庄无极县
47	南张井干礤石墙	传统手工技艺	石家庄井陉县
48	井陉绵河水磨技艺	传统手工技艺	石家庄井陉县
49	藁城西辛庄吹糖技艺	传统手工技艺	石家庄藁城市
50	栾城杨氏家具制作技艺	传统手工技艺	石家庄栾城
51	辛庄传统制陶技艺	传统手工技艺	廊坊文安县
52	侯店毛笔制作技艺	传统手工技艺	衡水桃城区
53	磁县扎纸技艺	传统手工技艺	邯郸磁县

续表

54	平象御膳糖饼手工制作技艺	传统手工技艺	承德平象县
55	渤海渔村剪纸	民间美术	沧州黄骅市
56	铁画	民间美术	唐山遵化市
57	深泽泥模	民间美术	石家庄深泽县
58	新乐石雕	民间美术	石家庄新乐市
59	高邑县后哨营猫头靴	民间美术	石家庄高邑县
60	永清花灯	民间美术	廊坊永清县
61	柳编	民间美术	廊坊固安县
62	安次区第什里风筝	民间美术	廊坊安次区
63	清河曦阳掌太平拳	杂技与竞技	邢台清河县
64	八趟掩手	杂技与竞技	保定安新县
65	圈头村少林会	杂技与竞技	保定安新县
66	曲阳擎阁	杂技与竞技	保定曲阳县
67	苗刀	杂技与竞技	沧州市
68	青县麒麟拳	杂技与竞技	沧州青县
69	黄骅五虎棍	杂技与竞技	沧州黄骅市
70	贾氏青萍剑	杂技与竞技	沧州黄骅市
71	河间左把大奇枪	杂技与竞技	沧州河间市
72	沧县传统武术	杂技与竞技	沧州沧县
73	弹（谭、潭）腿	杂技与竞技	邢台临西县
74	弹（谭、潭）腿	杂技与竞技	沧州沧县
75	抬阁	杂技与竞技	石家庄灵寿县
76	微水武术	杂技与竞技	石家庄井陉县
77	井陉县南良都斗火龙	杂技与竞技	石家庄井陉县
78	太极拳	杂技与竞技	保定市
79	太极拳	杂技与竞技	廊坊大城
80	中幡	杂技与竞技	廊坊安次区
81	安次区南关村少林武术	杂技与竞技	廊坊安次区
82	安次区黄漕飞叉	杂技与竞技	廊坊安次区

续表

83	固安戳脚	杂技与竞技	廊坊固安县
84	八卦掌	杂技与竞技	廊坊固安县
85	通臂拳	杂技与竞技	邢台南宫市
86	通臂拳	杂技与竞技	沧州市
87	通臂拳	杂技与竞技	廊坊三河市
88	通臂拳	杂技与竞技	廊坊香河县
89	通臂拳	杂技与竞技	廊坊霸州市
90	梅花拳	杂技与竞技	邢台威县
91	梅花拳	杂技与竞技	衡水深州市
92	陈村查拳	杂技与竞技	邯郸邱县
93	乐亭大鼓	曲艺	唐山滦南县
94	拉洋片	曲艺	沧州吴桥县
95	干嗑	曲艺	张家口康保县
96	干嗑	曲艺	张家口尚义县
97	干嗑	曲艺	张家口张北县
98	张北大鼓	曲艺	张家口张北县
99	赵县梅花调	曲艺	石家庄赵县
100	西河大鼓	曲艺	廊坊大城县
101	坠子戏	传统戏剧	邯郸成安县
102	曲长城木偶戏	传统戏剧	张家口阳原县
103	乱弹	传统戏剧	邢台巨鹿县
104	乱弹	传统戏剧	邢台临西县
105	老调	传统戏剧	保定安国市
106	青县青剧	传统戏剧	沧州青县
107	皮影戏	传统戏剧	邯郸曲周县
108	皮影戏	传统戏剧	唐山滦南县
109	皮影戏	传统戏剧	唐山乐亭县
110	皮影戏	传统戏剧	秦皇岛昌黎县
111	赤城马栅子戏	传统戏剧	张家口赤城县

续表

112	二人台	传统戏剧	张家口张北县
113	二人台	传统戏剧	张家口尚义县
114	晋剧	传统戏剧	石家庄井陉县
115	评剧	传统戏剧	石家庄市
116	石家庄丝弦	传统戏剧	石家庄井陉县
117	石家庄丝弦	传统戏剧	石家庄赞皇县
118	哈哈腔	传统戏剧	沧州沧县
119	哈哈腔	传统戏剧	廊坊文安县崔家坊
120	曲周柳子腔	传统戏剧	邯郸曲周县
121	地秧歌	民间舞蹈	唐山乐亭县
122	萧显写匾的故事	民间文学	秦皇岛山海关区
123	泊头小竹马	民间舞蹈	沧州泊头市
124	黄金台传说	民间文学	保定定兴县
125	临城赵云故里传说	民间文学	邢台临城县
126	柏乡汉牡丹传说	民间文学	邢台柏乡县
127	李广射虎的历史传说	民间文学	秦皇岛卢龙县
128	玄鸟生商的历史传说	民间文学	秦皇岛卢龙县
129	青龙满族寸子秧歌	民间舞蹈	秦皇岛青龙满族自治县
130	碣石山传说与故事	民间文学	秦皇岛昌黎县
131	老马识途的传说	民间文学	秦皇岛卢龙县
132	老马识途的传说	民间文学	唐山迁安市
133	曲长城背阁	民间舞蹈	张家口阳原县
134	康熙与大庙的传说	民间文学	承德围场满族蒙古族自治县
135	康熙与大庙的传说	民间文学	承德双滦区
136	平泉的传说	民间文学	承德平泉市
137	清苑绣球龙灯	民间舞蹈	保定清苑区
138	扇鼓	民间舞蹈	邢台内丘县
139	招子鼓	民间舞蹈	邢台柏乡县
140	桃城区安乐秧歌	民间舞蹈	衡水桃城区

续表

141	博野花鼓落子	民间舞蹈	保定博野县
142	仁义胡同的传说	民间文学	唐山迁安市
143	王河湾挎鼓	民间舞蹈	张家口宣化区
144	冀中笙管乐（同口音乐会）	民间音乐	保定安新县
145	石家庄休门吹歌	民间音乐	石家庄市
146	东光吹歌	民间音乐	沧州东光县
147	滦平棉花鬼	民间舞蹈	承德滦平县
148	大义店村冰雹会音乐会	民间音乐	保定高碑店市
149	大城太平颤（甩会）	民间舞蹈	廊坊大城县
150	冀中笙管乐（延福屯村音乐会）	民间音乐	保定高阳县
151	任家班唢呐	民间音乐	秦皇岛北戴河区
152	武强打花膀	民间舞蹈	衡水武强县
153	康熙与大庙的传说	民间文学	承德双滦区
154	安次区西安庄登云会	民间舞蹈	廊坊安次区
155	广宗黄巾鼓	民间音乐	邢台广宗县
156	内丘庆源排鼓	民间音乐	邢台内丘县
157	大城西子牙高跷	民间舞蹈	廊坊大城县
158	跃进吹歌	民间音乐	保定徐水区
159	羲皇圣鼓	民间音乐	石家庄新乐市
160	冀中笙管乐（琉璃庄音乐会）	民间音乐	廊坊文安县
161	滦平十番乐	民间音乐	承德滦平县
162	冀中笙管乐（北燕家务音乐会）	民间音乐	廊坊霸州市
163	赵县南寺庄背灯挎鼓	民间舞蹈	石家庄赵县
164	漳卫南运河船工号子	民间音乐	衡水故城县
165	冀中笙管乐（东臧庄音乐会）	民间音乐	廊坊大城县
166	冀中笙管乐（杨家口音乐会）	民间音乐	廊坊大城县
167	冀中笙管乐（蔡头村音乐会）	民间音乐	廊坊文安县
168	冀中笙管乐（西滩里音乐会）	民间音乐	廊坊文安县
169	冀中笙管乐（福新村音乐会）	民间音乐	廊坊文安县

续表

170	万全打棍	民间舞蹈	张家口万全区
171	冀中笙管乐（南汉村音乐会）	民间音乐	廊坊广阳区
172	蹦鼓子舞	民间舞蹈	张家口怀安县
173	三河大鼓	民间音乐	廊坊三河市

河北省第四批国家非物质文化遗产名录（122 项）

1	逛楼	民俗	秦皇岛抚宁区
2	抡花	民俗	承德滦平县
3	黄旗武会	民俗	承德丰宁满族自治县
4	和顺圣会	民俗	承德滦平县
5	马桥	民俗	张家口张北县
6	河灯习俗	民俗	承德宽城县
7	河灯习俗	民俗	廊坊霸州市
8	火神信仰习俗	民俗	廊坊霸州市
9	三皇祭典	民俗	邢台沙河市
10	冰神祭祀	民俗	邢台平乡县
11	火神会	民俗	邢台柏乡县
12	崔府君出巡仪式及传说	民俗	邯郸磁县
13	抬五龙	民俗	邯郸成安县
14	土山诚会	民俗	邯郸武安市
15	虎皮庄天下太平灯	民俗	石家庄井陉县
16	南王庄转黄河	民俗	石家庄井陉县
17	台头邳彤祭典	民俗	石家庄井陉县
18	云盘山人祖祭典	民俗	石家庄井陉县
19	通天河花会	民俗	石家庄鹿泉市
20	联庄会	民俗	石家庄井陉矿区
21	南冶脸子会	民俗	石家庄平山县
22	九曲黄河灯	民俗	石家庄赞皇县
23	五道古火会	民俗	石家庄赵县
24	青县点穴拨穴疗法	传统医药	沧州青县

续表

25	金牛眼药	传统医药	保定定州市
26	丁氏正骨	传统医药	沧州盐山县
27	皮影制作技艺	传统手工技艺	秦皇岛昌黎县
28	脏腑推拿术	传统医药	保定市
29	饸饹制作技艺	传统手工技艺	邯郸魏县
30	饸饹制作技艺	传统手工技艺	石家庄无极县
31	莜面制作技艺	传统手工技艺	张家口张北县
32	潘氏风干肠制作技艺	传统手工技艺	秦皇岛抚宁区
33	老二位饺子制作技艺	传统手工技艺	秦皇岛海港区
34	贯头山酒酿造技艺	传统手工技艺	唐山迁安市
35	中山松醪酿造技艺	传统手工技艺	保定定州市
36	八珍御酒酿造技艺	传统手工技艺	承德平泉市
37	满汉全席传统制作技艺	传统手工技艺	承德市
38	景泰蓝制作技艺	传统手工技艺	廊坊大厂回族自治县
39	戏曲脸谱制作技艺	传统手工技艺	廊坊固安县
40	甘陵春酒酿造技艺	传统手工技艺	衡水市
41	三井十里香酒酿造技艺	传统手工技艺	沧州泊头市
42	驴肉火烧制作技艺	传统手工技艺	沧州河间市
43	古建青砖制作技艺	传统手工技艺	沧州任丘市
44	冬菜制作工艺	传统手工技艺	沧州青县
45	同聚祥酒酿造技艺	传统手工技艺	沧州青县
46	传统盒子灯制作技艺	传统手工技艺	沧州海兴县
47	古顺酒酿造技艺	传统手工技艺	邢台市
48	孩模烧制技艺	传统手工技艺	邯郸魏县
49	龙狮道具制作技艺	传统手工技艺	石家庄正定县
50	于家石头建筑技艺	传统手工技艺	石家庄井陉县
51	绣花鞋制作技术	传统手工技艺	秦皇岛抚宁县
52	晋州赵氏剪纸	民间美术	石家庄晋州市
53	相子（纸雕）	民间美术	廊坊固安县

续表

54	南宫碑体书法艺术	民间美术	邢台南宫市
55	剪纸	民间美术	承德宽城县
56	剪纸	民间美术	邯郸磁县
57	泥塑	民间美术	邯郸成安县
58	面塑	民间美术	石家庄井陉县
59	十字八方拳	杂技与竞技	邢台威县
60	中幡	杂技与竞技	承德隆化县
61	鼎棋	杂技与竞技	保定市
62	冀州三皇炮锤	杂技与竞技	衡水市冀州区
63	戳脚	杂技与竞技	衡水市饶阳县
64	吴桥杂技・杂技唢呐	杂技与竞技	沧州吴桥县
65	吴桥杂技・地摊魔术	杂技与竞技	沧州吴桥县
66	吴桥杂技・硬气功	杂技与竞技	沧州吴桥县
67	吴桥杂技・驯兽・驯鼠	杂技与竞技	沧州吴桥县
68	连环绵掌	杂技与竞技	沧州河间市
69	阴阳八盘掌	杂技与竞技	沧州任丘市
70	八仙拳	杂技与竞技	沧州河间市
71	迷踪拳（高氏迷踪拳）	杂技与竞技	沧州黄骅市
72	通臂拳（白猿通臂拳）	杂技与竞技	沧州黄骅市
73	二郎拳	杂技与竞技	沧州南皮县
74	太极拳（孙式太极拳）	杂技与竞技	邢台沙河市
75	太极拳（卢式太极拳）	杂技与竞技	邯郸广平县
76	梅花拳	杂技与竞技	邯郸市
77	何庄武狮	杂技与竞技	石家庄赵县
78	梁家鹦堖拳	杂技与竞技	石家庄井陉县
79	南花园民间戏法	杂技与竞技	石家庄市桥西区
80	热河二人转	曲艺	承德宽城县
81	南口大鼓	曲艺	沧州献县
82	铁板大鼓	曲艺	承德兴隆县

续表

83	道情	曲艺	石家庄赵县
84	独台戏	传统戏剧	沧州吴桥县
85	皮影戏	传统戏剧	秦皇岛青龙满族自治县
86	评剧	传统戏剧	秦皇岛昌黎县
87	评剧	传统戏剧	唐山丰润区
88	高跷戏	传统戏剧	张家口蔚县
89	小车调	传统戏剧	廊坊市
90	老调（东姜老调）	传统戏剧	沧州任丘市
91	落子	传统戏剧	邯郸成安县
92	秧歌戏（北纪城秧歌戏）	传统戏剧	石家庄灵寿县
93	秧歌戏（西调秧歌）	传统戏剧	石家庄平山县
94	石家庄丝弦（南路丝弦）	传统戏剧	邢台平乡县
95	石家庄丝弦（获鹿丝弦）	传统戏剧	石家庄鹿泉市
96	石家庄丝弦（郭家庄东路丝弦）	传统戏剧	石家庄晋州市
97	乱弹（南岩乱弹）	传统戏剧	石家庄高邑县
98	蹦跶会	民间舞蹈	承德兴隆县
99	八大怪	民间舞蹈	承德隆化县
100	十美图	民间舞蹈	廊坊三河市
101	跨鼓	民间舞蹈	廊坊霸州市
102	大头舞（御览转秋千）	民间舞蹈	廊坊霸州市
103	南鱼龙灯	民间舞蹈	邢台隆尧县
104	跑竹马	民间舞蹈	邯郸肥乡区
105	琅矿活帷子	民间舞蹈	邯郸武安市
106	南平望拉花	民间舞蹈	石家庄井陉县
107	花张蒙道教音乐	民间音乐	保定定州市
108	冀东民歌	民间音乐	唐山市
109	冀中笙管乐（北宋村古乐）	民间音乐	保定清苑区
110	冀中笙管乐（十里铺音乐会）	民间音乐	保定雄县
111	冀中笙管乐（东姜音乐会）	民间音乐	沧州任丘市

续表

112	桃园同乐会吹歌	民间音乐	沧州黄骅市
113	窦尔墩传说	民间文学	承德兴隆县
114	杨家将传说	民间文学	廊坊永清县
115	杨家将传说	民间文学	廊坊霸州市
116	杂技口艺	民间文学	沧州吴桥县
117	玉堂春传说	民间文学	邯郸曲周县
118	魏徵的传说	民间文学	石家庄晋州市
119	张果老传说	民间文学	石家庄平山县
120	刘琨的传说	民间文学	石家庄无极县
121	许由与尧帝的传说	民间文学	石家庄行唐县
122	韩信背水一战的传说	民间文学	石家庄市井陉县

河北省第五批国家非物质文化遗产名录（152 项）

1	丰宁横河蒙丁演武	民俗	承德丰宁满族自治县
2	涞水伶伦祭典	民俗	保定涞水县
3	铁树银花	民俗	廊坊永清县
4	跳世平	民俗	邢台内丘县
5	黄河灯阵（骈山）	民俗	邯郸武安市
6	二祖文化庙会	民俗	邯郸成安县
7	更乐镇元宵花会	民俗	邯郸涉县
8	罗庄打铁火	民俗	石家庄井陉县
9	东岳祭典	民俗	石家庄井陉县
10	青龙山庙会	民俗	石家庄赞皇县
11	高邑水潼仙姑庙会	民俗	石家庄高邑县
12	平山王母祭典	民俗	石家庄平山县
13	温塘桃花浴	民俗	石家庄平山县
14	安国中药材加工炮制技艺	传统医药	保定安国市
15	万宝堂中医药文化	传统医药	保定市
16	药囊防病法（苍香玉屏袋）	传统医药	石家庄井陉县
17	中医络病诊疗方法	传统医药	河北省石家庄市

续表

18	台营烧锅酒酿造技艺	传统手工技艺	秦皇岛抚宁区
19	抚宁白腐乳制作技艺	传统手工技艺	秦皇岛抚宁区
20	新寨猪胰子制作技艺	传统手工技艺	唐山乐亭县
21	孙氏银器制作技艺	传统手工技艺	唐山市丰南区
22	吊桥缸炉烧饼传统手工制作技艺	传统手工技艺	唐山乐亭县
23	孟各庄蒙鼓技艺	传统手工技艺	唐山滦南县
24	青砂器制作技艺	传统手工技艺	张家口蔚县
25	安国药膳	传统手工技艺	保定安国市
26	曲阳黑闺女饺子制作技艺	传统手工技艺	保定曲阳县
27	定州新宗熏肉制作技艺	传统手工技艺	保定定州市
28	清苑传统制香技艺	传统手工技艺	保定清苑区
29	涞水古建砖瓦制作技艺	传统手工技艺	保定涞水县
30	徐水漕河驴肉加工技艺	传统手工技艺	保定徐水区
31	定州缂丝	传统手工技艺	保定定州市
32	定兴南大牛村刺绣技艺	传统手工技艺	保定定兴县
33	易县清宫传统刺绣	传统手工技艺	保定易县
34	燕南春酒传统酿造技艺	传统手工技艺	廊坊永清县
35	小辛庄戏靴制作技艺	传统手工技艺	廊坊霸州市
36	田园棉手织布技艺	传统手工技艺	衡水冀州区
37	大营裘皮传统制作技艺	传统手工技艺	衡水枣强县
38	定兴书画毡制作技艺	传统手工技艺	保定定兴县
39	衡水传统玉器雕刻	传统手工技艺	衡水市
40	铜胎画珐琅技艺	传统手工技艺	衡水景县
41	饶阳仇氏金丝杂面制作技艺	传统手工技艺	衡水饶阳县
42	硬木雕刻技艺	传统手工技艺	衡水武邑县
43	衡水地毯传统编制技艺	传统手工技艺	衡水市桃城区
44	杨氏风船制作技艺	传统手工技艺	沧州黄骅市
45	万二烧鸡制作技艺	传统手工技艺	沧州黄骅市
46	朱记扣碗制作技艺	传统手工技艺	沧州盐山县

续表

47	肃宁捞纸技艺	传统手工技艺	沧州肃宁县
48	传统杂技魔术道具制作技艺	传统手工技艺	沧州吴桥县
49	线装书工艺	传统手工技艺	沧州吴桥县
50	南皮小米面窝头制作技艺	传统手工技艺	沧州南皮县
51	孔明锁制作技艺	传统手工技艺	邢台沙河市
52	西关饸饹面制作技艺	传统手工技艺	邢台宁晋县
53	鹊王台酒酿造技艺	传统手工技艺	邢台内丘县
54	小磨香油传统制作技艺	传统手工技艺	邯郸市大名县
55	二毛烧鸡制作技艺	传统手工技艺	邯郸市邯山区
56	南小留木镟工艺	传统手工技艺	邯郸市广平县
57	大名滴溜酒传统酿造工艺	传统手工技艺	邯郸市大名县
58	大名郭八火烧制作技艺	传统手工技艺	邯郸市大名县
59	大名五百居香肠制作技艺	传统手工技艺	邯郸市大名县
60	灵寿青铜器制作工艺	传统手工技艺	石家庄市灵寿县
61	井陉窑传统烧制技艺	传统手工技艺	石家庄市井陉县
62	金丝彩釉工艺	传统手工技艺	石家庄市裕华区
63	藁城宫面手工制作技艺	传统手工技艺	石家庄藁城市
64	窦王醋酿造技艺	传统手工技艺	石家庄井陉县
65	赞皇原村土布纺织技艺	传统手工技艺	石家庄赞皇县
66	刘氏酥饼五仁蛋黄皮月饼工艺	传统手工技艺	石家庄市
67	成安烙画	民间美术	邯郸成安县
68	洒河桥花灯	民间美术	唐山迁西县
69	丰宁滕氏布糊画	民间美术	承德丰宁满族自治县
70	左卫墙围画	民间美术	张家口怀安县
71	曲阳泥塑	民间美术	保定曲阳县
72	烙画	民间美术	廊坊市
73	刻铜艺术	民间美术	衡水饶阳县
74	雕花陶球泥塑工艺	民间美术	沧州东光县
75	石影雕	民间美术	沧州吴桥县

续表

76	泊头三痴斋泥塑	民间美术	沧州泊头市
77	广平水墨布画	民间美术	邯郸广平县
78	南宫碑体书法艺术	民间美术	邯郸市邯山区
79	民间手绘画	民间美术	邯郸市复兴区
80	剪纸（乔杖子剪纸）	民间美术	承德市承德县
81	剪纸（邯郸剪纸）	民间美术	邯郸市复兴区
82	郭氏铁板浮雕	民间美术	石家庄市新华区
83	阴阳八盘掌	杂技与竞技	保定雄县
84	蠡县戳脚	杂技与竞技	保定蠡县
85	孙氏太极拳	杂技与竞技	保定望都县
86	东王庄飞叉	杂技与竞技	廊坊霸州市
87	李派太极拳	杂技与竞技	廊坊市广阳区
88	吴桥杂技·马戏	杂技与竞技	沧州吴桥县
89	吴桥杂技·大变活人	杂技与竞技	沧州吴桥县
90	李氏迷踪拳	杂技与竞技	沧州青县
91	杨氏青萍剑	杂技与竞技	沧州运河区
92	二郎拳	杂技与竞技	沧州南皮县
93	洪拳	杂技与竞技	邢台巨鹿县
94	杨氏太极拳	杂技与竞技	邯郸市丛台区
95	王其和式太极拳	杂技与竞技	邢台任县
96	正定三角村高跷	杂技与竞技	石家庄正定县
97	冀东段派评书	曲艺	唐山市
98	磁县坠子	曲艺	邯郸磁县
99	阳原晋剧	传统戏剧	张家口阳原县
100	万全秧歌戏	传统戏剧	张家口万全区
101	望都新颖调	传统戏剧	保定望都县
102	永清河北老调	传统戏剧	廊坊永清县
103	皮影戏（雾灵皮影）	传统戏剧	承德兴隆县
104	皮影戏（蔚州灯影戏）	传统戏剧	张家口蔚县

续表

105	皮影戏（沙河市皮影戏）	传统戏剧	邢台沙河市
106	乱弹	传统戏剧	邢台平乡县
107	大名大平调	传统戏剧	邯郸大名县
108	豫剧（北派）	传统戏剧	邯郸市
109	曲周四股弦	传统戏剧	邯郸曲周县
110	平调落子	传统戏剧	邯郸市
111	平调落子	传统戏剧	邯郸涉县
112	行唐杨村秧歌	传统戏剧	石家庄行唐县
113	平山坠子戏	传统戏剧	石家庄平山县
114	西王庄丝弦	传统戏剧	石家庄平山县
115	微水丝弦	传统戏剧	石家庄井陉县
116	鹰手营子的传说	民间文学	承德市鹰手营子矿区
117	唐尧的传说	民间文学	保定唐县
118	关汉卿的传说	民间文学	保定安国市
119	邯郸古城传说与民俗	民间文学	邯郸丛台区
120	鬼谷子的传说	民间文学	邯郸临漳县
121	毛遂的传说	民间文学	邯郸鸡泽县
122	行唐口头镇歌谣	民间文学	石家庄行唐县
123	石家庄王莽赶刘秀的传说	民间文学	石家庄市
124	藁城刘海的传说	民间文学	石家庄藁城市
125	赵州桥的传说	民间文学	石家庄赵县
126	皇六宰相传说	民间文学	石家庄赞皇县
127	地秧歌	民间舞蹈	秦皇岛卢龙县
128	秧歌	民间舞蹈	唐山滦县
129	地秧歌	民间舞蹈	唐山滦县
130	鞭	民间舞蹈	承德隆化县
131	邢邑花会	民间舞蹈	保定定州市
132	西四旺村龙灯戏	民间舞蹈	保定定州市
133	地平跷	民间舞蹈	保定顺平县

续表

134	村高跷会	民间舞蹈	廊坊市广阳区
135	曲周花车	民间舞蹈	邯郸曲周县
136	县狮豹会	民间舞蹈	邯郸邱县
137	白砂龙舞	民间舞蹈	石家庄平山县
138	冶抬皇杠	民间舞蹈	石家庄市平山县
139	鼓（定州架鼓）	民间音乐	保定定州市
140	鼓（安国架鼓）	民间音乐	保定安国市
141	丰宁南营子吹打乐	民间音乐	承德市丰宁满族自治县
142	铁厂飞钹	民间音乐	唐山遵化市
143	陶埙艺术	民间音乐	保定市
144	冀中笙管乐（曲阳吹歌）	民间音乐	保定市曲阳县
145	冀中笙管乐（唐县灌城村西乐会）	民间音乐	保定市唐县
146	冀中笙管乐（安新关城村音乐会）	民间音乐	保定市安新县
147	冀中笙管乐（徐水高庄村音乐会）	民间音乐	保定市徐水区
148	冀中笙管乐（安新端村音乐会）	民间音乐	保定市安新县
149	高家口古乐	民间音乐	沧州黄骅市
150	道教音乐	民间音乐	邢台市巨鹿县
151	赵奢战鼓	民间音乐	邯郸市邯郸县
152	平山民歌（尤家庄小唱）	民间音乐	石家庄市平山县

参考文献

[1] 谷继建．经济发展与非物质文化遗产保护的反向关系研究［J］.山东社会科学，2007（4）：76~77.

[2] 乔晓光．活态文化——中国非物质文化遗产初探［M］.太原：山西人民出版社，2004.

[3] 王文章．非物质文化遗产保护国际学术研讨会论文集［M］.北京：文化艺术出版社，2005.

[4] 王文章．人类口头与非物质文化遗产丛书［M］.杭州：浙江人民出版社，2005.

[5] 彭冬梅，潘鲁生，孙守迁．数字化保护——非物质文化遗产保护的新手段［J］.美术研究，2006（1）：5.

[6] 李砚祖．物质与非物质：传统工艺美术的保护与发展［J］.文艺研究，2006（12）：106.

[7] 梁艳霞．剪纸艺术设计的数字化技术研究［J］.包装工程，2010（14）：6~9.

[8] 王向英，吴艳辉．河北省民间工艺美术的现状与品牌培育［J］.大舞台，2011（3）：156~158.

[9] 刘克利，杨兴斌．高阳县北方昆曲艺术研究［J］.保定学院学报，2011（2）：12~13.

[10] 刘克利．高阳北方昆曲传承现状及对策研究［J］.群文天地，2012（20）：10~11.

[11] 孙晓涛．论地方戏曲保护和传承与增强文化核心竞争力［J］.四川戏剧，2012（2）：21~22.

[12] 郭士星．也谈戏曲的保护与创新［J］.中国戏剧，2007（6）：50~51.

[13] 沧州武术志编纂委员会．沧州武术志［M］.石家庄：河北人民出版社，1991：39~42.